novum pro

SABRINA LUGER

THE WHITE CURTAIN

A true story

novum pro

Bibliografische Information der Deutschen Nationalbibliothek:

Die Deutsche Nationalbibliothek verzeichnet diese Publikation in der Deutschen Nationalbibliografie. Detaillierte bibliografische Daten sind im Internet über http://www.d-nb.de abrufbar.

ISBN 978-3-99064-338-9
Lektorat: Marie Schulz-Jungkenn
Umschlagfoto:
Marin Conic | Dreamstime.com
Umschlaggestaltung, Layout & Satz:
novum Verlag

Gedruckt in der Europäischen Union auf umweltfreundlichem, chlor- und säurefrei gebleichtem Papier.

www.novumverlag.com

Es ist schon komisch, wie das Leben so schreibt. Das Leben kann sich von einer Sekunde auf die andere ändern. Bei mir war das so. Es ist ein böses Erwachen für mich. Mir scheint, die Welt kann so grausam oder schön sein. Bei mir war es das Erstere.

Mein ganzes Leben war so, als würde ich im Theater sitzen und jeder spielt mir was vor. Oder als wäre ich gezwungen, gegen meinen Willen in einem Film mitzuspielen, der nie endet. Mir war nicht einmal bewusst, dass ich im Theater saß, bis ich aufgewacht bin. Fast jeder hier in dieser Gegend, wo ich aufwuchs, kannte meine Geschichte, bis auf mich. Ich war die Einzige, die nichts davon wusste, weil ich mich fast 20 Jahre nicht an meine Vergangenheit erinnern konnte.

Wie hieß dieser Satz? „Je heller die Träume, desto dunkler die Realität." Ja, ich hatte Träume, ich wollte eine Familie gründen, ich wollte der Welt beweisen, welche Begabungen und Fähigkeiten in mir stecken. Stattdessen sitze ich hier und fühle mich gefangen wie ein Tier.

Meine Träume verbrennen, mein Mut sinkt und ich klammere mich an jeden Strohhalm, den ich habe. Es ist, als würde alles zunichte sein. Meine Träume, meine Wünsche und meine Hoffnung auf eine bessere Zukunft. Auf der anderen Seite werde ich nicht kampflos aufgeben, denn dann kann ich wenigsten sagen: Ich habe es zumindest versucht. Ich habe versucht, die Wahrheit über mein Leben der Welt zu erzählen. Ich habe versucht, mir die Trauer, die Wut, die Angst gegen diese Ungerechtigkeit von meiner Seele zu schreiben, auch wenn ich mich vielleicht in Gefahr begebe, meine Geschichte zu erzählen. Aber, bin ich nicht eh schon in Gefahr? Manchmal fühle ich mich wie das Phantom der Oper, das versteckt und einsam ein Dasein fristet, ohne dass die Leute wissen, dass es mich tatsächlich gibt, und nur die Legende Anlass zu Gerüchten und Spekulationen gibt. Ein Phantom, dass die eigene Geschichte seiner Vergangenheit nicht einmal kannte, bis merkwürdige Zufälle meine Erinnerung wieder lebendig werden ließen. Die lange Suche nach der Wahrheit hat ein Ende für mich. Es ist, als würde sich ein Kreis in meinem Leben schließen.

Für mich ist es wirklich grausam, zu erfahren, dass ich das ganze Leben in einer Lüge gelebt habe, und noch ein größerer Schicksalsschlag, dass ich nicht vorher weiß, wie viel Zeit mir noch bleibt.

Manchmal, wenn ich traurig, verärgert und verzweifelt über meine jetzige Situation bin, wünschte ich, ich würde nichts davon wissen. Je mehr ich in Erfahrung bringe, desto übler wird es mir. Mein Herz wird schwer, weil mich die Last erdrückt. Glücklich sein möchte ich, ich möchte kein Leid mehr erfahren, ich möchte nicht mehr schweigen müssen.

Ich wünschte, meine Angst würde nachlassen. Aber sie ist immer da, immer bedrohlich, mich zu fangen und mich wieder zu quälen.

Bevor ich nichts über meine Vergangenheit wusste, fühlte ich mich immer wie in einem Nebel. Ganz alleine tastete ich mich vorwärts, doch es war niemand da, der mir hätte helfen können. Ich wünschte, ich hätte irgendetwas Greifbares gehabt, an dem ich mich festhalten, dass mir hätte Sicherheit und Schutz gewähren können und mir weitergeholfen hätte. Aber es war nichts da und ich wanderte weiter in diesem Nebel und war verzweifelt, dass ich keinen Ausweg fände.

Aber im Nachhinein kann ich jedoch sagen, hätte ich von meiner Vergangenheit und von meiner Herkunft Bescheid gewusst, wie andere Leute, die sich ihrer Identität immer bewusst waren, hätte ich viele Entscheidungen anders getroffen.

Außerdem hätte ich mich in vielen Situationen wahrscheinlich anders verhalten. Vielleicht wäre ich oft nicht so leichtsinnig und naiv gewesen.

Viele Leute, denen ich im Laufe meines Lebens begegnet bin, spielten nur mit mir. Sie spielten mir manchmal nur eine andere Realität vor, wohlwissend, dass ich nichts von meiner Vergangenheit wusste. Außerdem vertraute ich einfach, den falschen Leuten, das ist auch ein Grund meiner jetzigen Situation. Und auch meine Naivität.

Aber ist Naivität ein Verbrechen? In dieser Doppelmoral, in der wir heute leben, anscheinend schon.

Ich bin auf dem Ritt in die Hölle und ich bin alleine. Alle meine Freunde haben mich verlassen. Auch meine ehemals besten Freunde.

Mit 14 war ich der Überzeugung, schlimmer als das, was ich in der Schule mit meinen Mitschülern erlebt habe, kann es eh nicht werden. Oder besser gesagt, ich war so naiv, zu glauben, schlimmer kann es eh nicht mehr werden. Wie das Leben meiner leiblichen Eltern, einem Hollywoodfilm glich oder den „amerikanischen Traum" verkörperte, ist mein Leben fast durchgehend ein Albtraum und ich muss ganz alleine damit fertig werden. Ich glaube, sie hatten nicht einmal einen blassen Schimmer einer Ahnung, was sie mir damit antaten.

Um meinen Albtraum genauer zu definieren, ich meine nicht damit meine Familie, denn die habe ich sehr gerne, gegensätzlich anderer Meinungen. Ich fühle mich gefangen wie ein Tier in einem Ghetto, aus dem ich nicht entrinnen kann. Und ich meine das Wissen, das ich mit mir umhertrage und mit dem ich tagtäglich aufwache. Vielleicht ist das der Hauptgrund, warum ich mich in Gefahr befinde.

Manchmal wünschte ich, ich könnte die Zeit zurückdrehen, aber das geht nicht, ich kann höchsten einen Neustart wagen, aus meinen alten Fehlern und Fehlverhalten lernen, meine Zukunft besser gestalten und meine Zeit, die ich habe, nützen.

Aber ich will dieses Script schreiben und vollenden, damit die Welt endlich die Wahrheit erfährt, und das gibt mir Kraft, weiterzumachen. Ich meine, viele kennen meine Situation und niemand tut etwas. Die ganze Welt schaut zu, ist empört und niemand hilft mir. Manchmal ist auch das Gegenteil der Fall und sie treten noch auf mich drauf.

Gestern war ich mit meiner Mutter Eis essen in der Stadt in einem Cafe. Eine Frau am Nebentisch wandte sich um zu mir und sprach zu ihrer Gesprächspartnerin auffallend laut: „Sie tut mir wirklich nicht leid", als sie mich prüfend ansah.

Es ist eh klar und immer dasselbe: Selber ist man nicht betroffen, daher kein Mitleid. Aber wehe, es geht um die eigene Haut, denn da werden sie alle hysterisch und hypersensibel.

Der Begriff sskM geht mir nicht aus dem Hinterkopf. Es bedeutet hier so viel wie selbst-schuld-kein-Mitleid. Fiesmänner sagen das, die keine Ahnung von dem Hintergrund haben, die nur das sehen, was sie sehen wollen. Das tut wirklich manchmal sehr weh. Auf der anderen Seite denke ich, vielleicht würde ich auch so denken, wäre ich nicht betroffen. Es ist so wie: Pech gehabt, das ist dein Schicksal, du hast dieses Los gezogen, als du auf diese Welt kamst. Aber es gibt nur dieses eine Leben und kein zweites. Darum möchte ich einfach leben, und nicht mehr gezwungen sein, zu schweigen, denn das fühlt sich für mich an, als würde ich wie ein Tier im Käfig sitzen.

Es ist ungefähr wie bei einem Unfall. Man kann nicht sagen, der oder der ist schuld. Es ist eine Tragödie, die ihren Lauf nimmt, weil alle unfähig waren oder sind, etwas zu ändern, und die es taten, scheiterten daran und verschlimmerten meine Lage nur.

Am schlimmsten für mich war, dass alle schwiegen, die Dinge tabuisierten und mir nie plausible Antworten gaben oder mich einfach dann nur anlogen, obwohl sie Wahrheit wussten.

Zur Zeit versuche ich, meine Gefühle zu unterdrücken, sonst würde ich wahrscheinlich durchdrehen. Ich versuche, meinen Schmerz zu unterdrücken, meinen Hass und meine Wut. Meine Wut einer Verlassenen und Zurückgewiesenen von Menschen, die ich sehr liebe. Diese Last erdrückt mich einfach. Es gibt viele Nächte, wo ich einfach nur weine. Ich meine, damit, dass ich die Wahrheit weiß, kann ich endlich über mein Schicksal trauern, und vorher konnte ich es nicht, da ich keine Erinnerung hatte, an das, was damals geschehen war. Das heißt aber wiederum nicht, dass ich den Schmerz nicht spürte. Ich spürte ihn tagtäglich, aber ich wusste nicht, warum. Ich wusste nicht, warum ich innerlich so zerbrochen war, ich wusste nur, dass mir etwas sehr fehlte.

Hätte nur einmal jemand etwas gesagt, oder den Mund geöffnet, aber niemand traute sich. Wahrscheinlich dachten sie alle, ich wüsste eh über meine Vergangenheit Bescheid, oder sie dachten einfach an gar nichts, als sie mein Gesicht sahen.

Seit 10 Jahren wusste ich, dass etwas in meinem Leben falsch war, aber ich wusste einfach nicht, was. Tagtäglich versuchte ich mich krampfhaft zu erinnern, was damals in meiner frühesten Kindheit geschehen war, aber meine Erinnerung war wie ein weißer Vorhang, der sich bei geöffnetem Fenster im Wind bewegte. Sie war wie ein undurchdringbarer weißer Nebel. Ich wusste, dass diese Erinnerung da war, aber ich konnte sie weder finden, noch zuordnen. Ich hatte keine Erinnerung an meine früheste Kindheit, ich wusste nur, dass ich plötzlich da war.

Während meiner Schulzeit lernte ich auch viele Menschen kennen, unter anderem ein Mädchen in meinem Alter, und ihre Eltern waren mit ihr. Ich stellte mich vor, wie üblich, und wenig später platzte dem Mädchen raus: „Du lügst ja. Das ist nicht dein Name, du bist nicht von hier.“ Verwundert starrte ich sie an. „Ich lüge niemals, hörst du!“ und als Beweis zeigte ich meinem Busfahrschein, wo groß und deutlich mein Name stand. Damit kehrte wieder Ruhe ein, und ich vergaß diesen Vorfall wenig später.

In der Unterstufe wiederum war es eine Deutsch-lehrerin, die mich auf etwas aufmerksam machen wollte. Einmal, mitten im Unterricht, sie ging von einem Tisch zum anderen, und sie blieb plötzlich vor meinem Tisch stehen. Auf einmal rutschte ihr heraus: „Deine Eltern sind ziemlich streng zu dir, nicht wahr?" Ich antwortete darauf entsetzt: „Woher wollen Sie denn das wissen?" „Dein Verhalten. Du zuckst jedes Mal zusammen, wenn dein Name aufgerufen wird, fast so, als würdest du eine Ohrfeige erwarten." Ich blickte sie stumm an, und antwortete dann leise: „Vielleicht haben Sie ja recht, wer weiß." Darauf sagte sie laut in der Klasse: „Manche Kinder wären wohl besser in einem Waisenhaus aufgehoben, als woanders." Ich schluckte: „Was soll diese Aussage nur?", dachte ich mir.

Fast eine Bestätigung dessen, dass etwas in meinem Leben nicht stimmte, und was meiner Vermutung nahe kam, bekam ich, als ich 16 Jahre alt war. Da sprach mich mein damaliger Kunstprofessor mitten in einer Klasse an und starrte mir mit seinen Augen ins Gesicht. Ich kann mich noch genau an seine eisblauen Augen erinnern. „Dass so etwas überhaupt möglich ist. Das kann doch nicht sein!", rief er bestürzt ohne scheinbaren Grund aus. „Das Kind ohne Namen!" Ich antwortete nicht darauf, wie immer. Als er merkte, dass ich ihm keine Antwort gab, deutete er an, ich sei die Sturheit in Person. Am Ende der Kunststunde, ich war gerade dabei, meinen Malbecher und meinen Pinsel auszuwaschen. Die anderen waren schon gegangen, da kam er zu mir her, strich mit seinem Finger über meinen Rücken und ging aus dem Zeichensaal hinaus. Dann drehte er sich um, blickte mir genau in die Augen und grinste mich an. Ich erwiderte sein Lächeln und bemerkte, dass sein Blick spöttisch wurde, und er sagte: „Du hast einen Punkt auf der Stirn." „Ich weiß", antwortete ich und fuhr mir über das Gesicht, obwohl ich natürlich nichts davon wusste. Ich wollte nicht lügen, aber mir fiel nichts Besseres ein.

Ich will noch von einem anderen Vorfall erzählen. An einem Mittwoch hatte ich wieder Zeichnen und es hat mich einfach fertiggemacht, dass sich die anderen hinter meinem Rücken lustig gemacht haben. Es hat mich verwirrt, als er meinte, es sei jeder in diesem Raum brutal, außer die Mary. An diesem Satz ist in der Tat nichts Außergewöhnliches, bloß dass ich der Meinung war, dass zu diesem Zeitpunkt keine Mary anwesend war.

Verzweifelt versuchte ich, nach diesen Vorfällen herauszufinden, was oder wen er damit meinte. Konnte es sein, dass er etwa mich damit meinte? War ein Kind ohne Namen etwa ein Waisenkind? Ich hatte zwar keine Erinnerung an meine Kindheit, aber dass muss doch nicht gleich heißen, dass ich dieses Kind war. So sehr ich auch nach einer Antwort suchte, ich konnte keine Antwort finden, und es stand außer Diskussion, meine Eltern zu fragen, denn sie würden alles wieder abstreiten und verneinen. Ich hatte es ja schon einmal versucht und da bekam meine Mutter einen hysterischen Anfall. So einen Zwischenfall wollte ich auf jeden Fall vermeiden.

Zu dieser Zeit nahm ich auch Privatunterricht für Englisch bei einer Kunststudentin in meiner Kleinstadt. Es traf sich, dass zufällig ihr Partner aus Wien während des Unterrichts auftauchte. Er grüßte sehr freundlich und musterte mich sorgfältig. Plötzlich schlug er die Hände über dem Kopf zusammen und sagte: „Das gibt es doch nicht, das ist doch die …", aber er kam nicht dazu, den Satz zu Ende zu sprechen, denn seine Freundin war schneller, und zog ihn in die Küche, wo sie laut tuschelten. Ich verstand nur ein paar Wortfetzen wie: „Du darfst es ihr auf keinen Fall sagen, sonst dreht sie noch durch …"und „Wir können sowieso nichts für sie tun …" Und nach einer Weile kamen sie wieder zurück zu mir, sie hatte Tränen in den Augen, ja, sie weinte. Und ich saß da, verwundert und unwissend mit großen Augen, warum alle so einen Wirbel um mich machten.

Auch war ich bei einer Esoterikerin während dieser Zeit. Während einer dieser Sitzungen beim Kartenlegen zog ich die Karte „Heimweh". Ich hielt niemals etwas von Esoterik, auch heute noch nicht. Aber das Komische damals an diesem Tag war, ich zog mehrere Male immer wieder dieselbe Karte. Ich dachte mir damals: „Heimweh nach was? Nach mir selber? Oder nach was oder wem sollte ich Heimweh haben? Oder bin ich etwa doch adoptiert? Oder ist das Heimweh gar nicht ein Heimweh, sondern ein Fernweh?“ Ich hatte keine Ahnung.

Kurze Zeit später fand ich mich in der Ordination bei einem Arzt wieder. Er stellte bei mir Depressionen fest, was mich sicherlich nicht verwunderte, denn ich aß zu dieser Zeit fast nichts und war ohne scheinbaren Grund immer niedergeschlagen. Ich hatte eine einfache Erklärung: Mir fehlte ganz einfach die selbstlose Liebe meiner Eltern. Doch mein Arzt meinte nur, selbst wenn ich damals von meinen Mitschülern in der Unterstufe gequält wurde, was ich ihm zuvor berichtet hatte, musste die Krankheit einen schwerwiegenden Auslöser gehabt haben. Er meinte, ein schweres Trauma in der frühen Kindheit, könnte die Depressionen ausgelöst haben. Und er fragte, ob ich mich vielleicht daran erinnern könnte. Unwissend, wie ich war, verneinte ich, und meinte, dass nie etwas vorgefallen wäre. Wenn ich doch zu diesem Zeitpunkt gewusst hätte, wie recht er hatte!

Ich denke an die Zeit zurück, wo ich 19, 20 war und an der Kasse eines Supermarktes stand. Eine auffällig hübsche hochgewachsene blonde Frau hinter mir sagte auffällig: „Nein, es ist eine Schande, dass sie nicht einmal weiß, wer sie ist.“ Wer bin ich wirklich? Woher konnte dieser fremde Mensch glauben zu wissen, wer ich bin? So viele Fragen tauchten plötzlich wieder auf. Als ich länger darüber nachdachte, kam mir so etwas wie eine Ahnung. War es vielleicht mein Gesicht, das mich verriet, oder sah ich irgendjemandem ähnlich?

Fragen, auf die es einfach so lange keine Antwort gab, tauchten wieder auf und ich konnte nur erahnen, was das für meine Zukunft bedeutete.

Auch hatte ich eine Beziehung zu einem älteren Mann zu dieser Zeit, der schon lange in derselben Stadt wie ich wohnte.

Eines Tages hatte ich wieder einen üblichen Streit mit meinen Eltern, ich fuhr fuchsteufelswild zu ihm; und ich konnte mich kaum beruhigen. Er meinte dann nur gelassen: „Hast du mal schon überlegt, warum die mit dir so umgehen und ob das wirklich deine Eltern sind?“ Und ich antwortete: „Was meinst du damit? Wenn du etwas darüber weißt, bitte sag es mir.“

Doch so sehr ich auch nachhakte, er gab mir keine Antwort mehr, er meinte nur, ich solle gut auf mich aufpassen. Als Statement gab er nur ab: „Du bist für mich wie ein offenes Buch.“ Und dann gab er ein Musikvideo von einem Konzert in London –Knebworth/Hertfortshire von 2003 – in den DVD Player rein, und meinte, ich solle aufmerksam sein und es mir anschauen. Mir sagte das Video gar nichts, es war auch klar, ich hatte zu diesem Zeitpunkt auch keinen Schimmer einer Ahnung.

Später meinte er noch zweideutig: „Edison hat auch Hunderte von Versuchen gebraucht, bis er eine Glühbirne zum Leuchten brachte.“

Ich dachte auch nicht weiter darüber nach, was vielleicht ein Fehler war.

Wenig später dachte ich: „Was soll's, ich kann's sowieso nicht ändern“ und ließ es dabei bewenden. Ich wollte einfach leben und nicht mehr über dieses leidige Thema, was mich schon so lange beschäftigte und Teil meines Lebens war, nachdenken.

Ich liebe es, die frische Luft einzuatmen und wieder auszuatmen. Ich liebe das grüne Gras unter meinen Füßen, und ich liebe den Wind in meinem Haar und die warme Sonne, die ich auf meiner Haut spüre. Ich denke an all die Schwierigkeiten, die ich bereits hatte, und wie ich doch immer einen vernünftigen Ausweg fand. Ich dachte mir immer: „Ich bin irgendwie anders als diese Leute hier, die hier wohnen, doch egal, was es auch war, ich bin einfach froh, am Leben zu sein, alles andere ist egal. Irgendwie geht es immer weiter und irgendwann, so Gott es will, finde ich es raus.“ Bis dahin musste ich mich noch gedulden.

Später machte ich mir den Vorwurf, zu blind gewesen zu sein, um zu bemerken, was vor sich ging. Anstatt richtig aufmerksam zuzuhören, was andere Leute sagten und taten, hatte ich immer andere Dinge im Kopf, die scheinbar für mich wichtig waren, und ich träumte in den Tag hinein, anstatt das wahrzunehmen, was direkt um mich herum passierte.

Ich sitze auf der Hängematte und starre in den Himmel. Die Sonne ist weg, der Himmel hat sich verfinstert. Ich wünsche mir so sehr, mehr als alles andere, dass alles gut wird. Warum ist diese Welt bloß so grausam und unbarmherzig? Immer wieder denke ich mir: „Wäre ich damals bei meinem damaligen ersten Freund geblieben und hätte ich mich nicht auf andere Beziehungen eingelassen." Aber wäre ich dann wirklich in einer anderen Situation? Ich kann es nicht sagen.

Für mich steht trotzdem fest: Ich habe es letztendlich bereut, ihn nach einer 3-jährigen Beziehung verlassen zu haben. Aber vielleicht war es auch das Beste so, die Beziehung hatte kein Fleisch mehr, sie war nur mehr eine Hülle, oder ein Knochengerüst. Wir stritten andauernd und er behandelte mich wie einen Gebrauchsgegenstand, aber irgendwie liebte ich ihn dennoch, was vielleicht andere als emotionale Abhängigkeit deuten würden. Und ich muss ehrlich gestehen, dass ich ihn auch irgendwie vermisse. Oder vielleicht hatte ich es einfach zu gut bei ihm, dass ich überheblich und leichtsinnig wurde. Ich weiß es nicht. Ich weiß nur das eine: Wir hatten beide selber schuld. Ich verhielt mich egoistisch und stur und er verhielt sich ebenso und dann hat es eben gekracht. Das sexuelle Verhältnis war auch schlecht. Er hinterging mich und ich hinterging ihn als Revanche.

Ja, ich bin nicht stolz darauf, da ich eigentlich ein treuer und loyaler Mensch bin. Letztendlich muss ich dennoch behaupten, dass die Zeit, die ich mit ihm hatte, die schönste Zeit war, die ich je hatte, und ich warf sie einfach weg.

Genauso wie meine Eltern immer nur das Beste für mich wollten und ich es mit meiner Sturheit einfach nicht einsehen wollte, weil ich ja alles besser wusste. Die daraus resultierenden Differenzen und Streitereien wurden so unerträglich, dass ich letztendlich, als ich mit der Schule fertig wurde, meine Sachen packte und auszog, was mich schließlich in diese jetzige Situation brachte.

Diese Wohnung, die ich mir mietete, brachte mir nur Unglück, außerdem konnte ich weder zeichnen noch malen, da mir diese Wohnung jede Kraft entzog und ich mich in dieser Gegend, wo ich wohnte, nicht wohl fühlte. Aber mir war damals alles recht. Ich wollte einfach weg von meinen Eltern.

Das Unglück mit meiner Wohnung fing an, als ich Vanessa (Name geändert) kennenlernte. Sie wohnte zwei Stock über mir und ich freundete mich mit ihr an. Am Anfang sah alles ganz gut aus, wir verstanden uns sehr gut. Sie behauptete, sie würde von ihrem Freund geschlagen, ich ließ sie bei mir wohnen, aus Mitleid, doch sie nützte meine Gutmütigkeit nur aus. Doch das fand ich erst später raus. Zu allem Übel schuldete ich ihr noch einen Gefallen. Deshalb bat sie mich, mit ihr auf eine Privatparty zu gehen. Diese Party sollte die schrecklichste meines Lebens werden. Ich hatte meinen Hund Candy dabei. Als ich aufs WC ging, schütteten sie Whisky in seinen Trinknapf hinein. Mein Hund drehte sich im Kreis, weil er betrunken war. Damit aber nicht genug. Während ich auf dem WC war, gaben sie Drogen in mein Getränk rein. Ich wurde von einem Fußballspieler gegen meinen Willen ins Bad gezerrt und dort sexuell misshandelt. Ich konnte mich nicht wehren, da ich unter Drogen stand. Und das Schlimmste war, ich bekam dennoch alles mit, konnte aber nichts dagegen tun. Vanessa ließen sie übrigens in Ruhe.

Nachdem das geschehen war, wurden wir mitten im Winter aus der Wohnung auf die Straße geworfen. Ich war sehr traumatisiert davon, und schämte mich so sehr, dass ich es nie zur Anzeige brachte.

Momentan packt mich die Sehnsucht. Hätte ich doch bloß einen Freund. Vor ein paar Wochen hatte ich ein Date, das schief ging. Wir waren im Schwimmbad, der Junge und ich, und es war echt o. k. Er hatte ein südländisches Aussehen und er beeindruckte mich mit seinem Körper. Dieses Date lief gut, bis eine Bekannte von ihm auftauchte und ihm eiskalt neben mir ins Gesicht sagte, dass ich ein psychisches Wrack sei und dass er mich so schnell wie möglich loswerden sollte. Das verletzte mich sehr, doch ich behielt mein Pokerface auf. Ich wollte keine Schwäche zeigen. Danach meinte sie zu mir: „Man muss es sich eben richten, wie man es braucht.“ Und danach erzählte sie noch lang und breit, wie sie den Film „The Forgotten“ im Kino gesehen habe, und wie langweilig sie ihn fand.

Es stimmt, dass ich eine schwere Zeit hatte, vor allem nach dem Vorfall, aber verglichen mit dem, was ich in London erlebt habe, und mit den Konsequenzen, die ich aufgrund meiner wahren Identität zu befürchten habe, sind das Kleinigkeiten.

Als ich von London zurückkam, sagten meine Eltern nur noch: „Es ist vorbei.“ Und ich dachte mir dabei, es ist niemals vorbei, es ist erst dann vorbei, wenn es wirklich vorbei ist.

Ich will alles schildern, was sich zutrug, da ich es für wichtig empfinde. Ich meine, das Schlimmste und Grausame ist, du wächst als Kind in einer normalen Familie wohlbehütet auf und hast eine heile Welt vor dir. Kein Krieg gefährdet dein Leben, keine bösen Menschen. Du denkst oder du bist der Überzeugung, solange du nichts Unrechtes tust, wird auch dir niemand etwas Böses antun. Du denkst einfach wie jedes Kind hier, das hier aufwächst.

Bis du ab einem gewissen Alter, die dunkle Realität erfährst, was wirklich abläuft, und das, wenn es fast zu spät ist. Du erfährst einfach, dass die Schwachen und die Wehrlosen so gut wie nie eine Chance bekommen. Sich einer Illusion hinzugeben, dass man etwas verändern könnte, oder etwas bewegen könnte, wie mit Musik zum Beispiel, wie Kool Savas & Azad mit „ All for One“, ist schön zu glauben, aber entspricht nicht der Realität. Während Musiker Millionen mit ihren Liedern über meiner Tragödie machen, verschlimmert sich hier die Situation noch mehr für mich.

Denn alle Leute sind neugierig und wollen in Erfahrung bringen, wer „the One“ ist, und dann, wenn sie den Hintergrund kennen, werfen sie in literarischem Sinne mit Steinen nach mir.

Ja, es ist wahr. Ich bin die „Eine“. Meine Geschichte wurde geschrieben, bevor jemand sie lesen konnte. Ich will nicht mehr schweigen. Seitdem ich es weiß, habe ich versucht zu schweigen. Aber ich will und kann diese Ungerechtigkeit nicht länger ertragen. Danach dachte ich, die finden mich sowieso nie, und wenn doch, wer sollte mir Glauben schenken und warum sollte man dies?

Ich bin das Mädchen vom Clash, besser gesagt, von der Tragödie von Knebworth/Hertfortshire 1982. Ich verschwand 1985/1986 ohne jede Spur. Da die Medien nie involviert waren wie bei Natascha Kampusch gab es dort auch nie eine Suchaktion. Die Leute, die mich als 4-jähriges Mädchen sahen und kannten, wussten nicht, wo ich war. Sie wussten zwar, dass es mich gab, aber sie wussten nicht, ob ich noch lebte und wenn, wo sollten sie die Suche beginnen? Ich glaube; sie waren fest der Überzeugung, ich wäre tot.

Es sollten noch eineinhalb Jahre vergehen, bis ich die Wahrheit erfuhr.

Es begann im Sommer, oder, besser gesagt, ein Jahr vor diesem Sommer. Ich hatte bereits das Diplom hinter mir und ich plante die ganze Woche mit meinen Schulkolleginnen zu feiern, aber leider wurde ich am selben Tag noch krank.

Ich hatte mir eine bakterielle Lungenentzündung eingefangen. Aber diese Diagnose half mir auch nicht viel, ich musste insgesamt vier Wochen im Bett bleiben, davon zwei Wochen im Krankenhaus, und wäre ich nicht früher ins Krankenhaus gegangen, wäre ich wahrscheinlich dran gestorben. Ich hatte eine schwere Entzündung an beiden Lungenlappen und die Situation war kritisch. Als ich so schwach und hilflos dalag, fasste ich einen Entschluss, der mein Leben nachhaltig verändern sollte. Sollte ich wieder gesund werden, werde ich alles unternehmen, um die Wahrheit in meinem Leben herauszufinden.

Ein Jahr darauf im Sommer war ich bereits ausgezogen und hatte eine halbherzige Beziehung hinter mir. Da ich meine Stelle als Grafikdesignerin bei einer Marketingfirma nach einiger Zeit verloren hatte, mir niemand eine zweite Chance in dieser Branche gab und ich dringend Geld brauchte, um meine Miete für meine schäbige kleine Wohnung zu bezahlen, kam ich auf die Idee, Zeitungen austragen zu gehen. Tagtäglich fing ich schon bald in der Früh um 3.00 Uhr an, um fertig zu sein, wenn die Sonne aufging. Eines Tages, als ich wieder voll im Arbeitseifer war und gerade eine Zeitung in ein Postfach gab, löste sich plötzlich die Handbremse meines Autos, das an einem Feldweg vor einem Hirschgehege stand, von alleine und mein altes weißes Auto rollte ungebremst durch das Hirschgehege den Hang hinunter und knallte mit voller Wucht gegen einen Baum in einem Graben. Das Auto wurde so stark beschädigt, dass es ein Totalschaden war, aber mir ist Gott sei Dank nichts passiert. Zuerst waren die Leute, die später von meinem Unfall berichteten, bestürzt, weil sie meinten, ich sei im Auto dringesessen, und sie waren aber doch sehr erleichtert, als ich dann, auch geschockt, neben ihnen stand und erzählte, dass ich nicht im Auto war und das Gefährt alleine den Hang hinuntergerollt ist. Da hatte ich noch mal Glück im Unglück, denn das hätte böse enden können. Das war's dann mit meiner Karriere als Zeitungsausträgerin.

Und hier beginnt das eigentliche Drama. Ich löste mich von meiner noch laufenden Beziehung und traf mich mit diversen Männern, die ich in einem Kurs, den ich gerade besuchte, kennenlernte. Nebenbei loggte ich mich in einem dubiosen Forum ein, von dem ich mir versprach, endlich Antworten zu finden, nach denen ich so lange suchte. Zu diesem Zeitpunkt war mir alles egal, ich konnte diese Unwissenheit über meine Vergangenheit nicht mehr länger ertragen.

Dies sollte der größte Fehler meines Lebens sein. Diverse Leute suchten schon über Jahre nach mir, da diverse Künstler durch Lieder von meiner Tragödie reich wurden, war das Interesse an mir enorm. In diesem Forum war ich sehr oft drinnen und zu allem Übel gab ich meine Bilder rein. Es gab Leute, die erkannten mich, glaub ich, sofort aufgrund meines Aussehens. Ich war auch öfter im Internetcafé, wo ich einen Mann traf.

Er meinte, er wisse über mich Bescheid und wisse, wer ich sei, und er meinte, er könnte mir helfen, eine Arbeit zu besorgen. Er war der Erste, der mich nicht anlog, glaubte ich zu wissen, und der mir eröffnete, dass ich adoptiert sei, obwohl er keine Namen nannte. Auch ich werde mich, obwohl ich es jetzt weiß, davor hüten, Namen zu nennen, zu meinem eigenen Schutz. Das Einzige, was ich sagen will, ist, dass meine Blutsverwandten und meine leiblichen Eltern sehr reich sind und damals gezwungen waren, mich wegzuschicken.

Wie der Lauf der Dinge so war, lernte ich Leute kennen in diesem Forum und diese luden mich nach London ein. Da ich nichts Besseres zu tun hatte und meinen Kurs bereits abgeschlossen hatte, beschloss ich, alleine nach London zu fliegen. Ich verbrachte ein paar Tage in London. Wir gingen Sightseeing und sahen London Eye, wir sahen uns das Museum Saatchi & Saatchi an, wir gingen über die Tower Bridge und sahen den beeindruckenden Buckingham Palace. Wir sahen Trafalgar Square und Leicester Square, wo ich zum ersten Mal einen Hauch von einer Erinnerung hatte.

Nach diesem Treffen lud mich der Administrator der Website nach Portsmouth ein. Er fragte mich, ob ich Lust hätte, hier Arbeit zu suchen und zu finden und vielleicht hier eine Zeit zu verbringen.

Alles in allem war der Kurzaufenthalt im Oktober sehr schön. Nach 10 Tagen Aufenthalt kam ich zurück und ich machte eine Gegeneinladung. Mit meinen Eltern hatte ich zu dieser Zeit den Kontakt abgebrochen, da wir nur mehr Differenzen und

Streitereien hatten, und ich hielt es für besser, meine eigenen Wege zu gehen.

Ich stieg auf dieses Abenteuer ein, ich dachte mir noch, warum auch nicht. Ich hatte ja auch keinen Schimmer einer Ahnung, woher denn auch? Meine Eltern versuchten verzweifelt mich noch zurückzuhalten, sie ließen sogar die Polizei kommen, um die Tür aufzubrechen, da ich diese absichtlich verschlossen hatte. Meine Mutter versuchte vergeblich, mich noch zu überreden und hierzubleiben. Auch andere Freunde versuchten, mich noch davon abzuhalten. Aber es war vergebens und ohne Erfolg, denn ich blieb stur, denn ich wollte die Wahrheit herausfinden. Außerdem war ich schon zu sehr manipuliert worden, dass ich auf nichts und niemanden mehr hörte. So naiv, wie ich war, glaubte ich tatsächlich, dass in England ein besseres Leben auf mich wartete. Doch die Realität sollte mich etwas Besseren belehren.

Als ich in London am Flughafen ankam und ich dort abgeholt wurde, schien noch alles in Ordnung zu sein. Wir fuhren nach Portsmouth, denn der Administrator hatte dort sein Büro. Er betrieb auch die Website, in die ich mich eingeloggt hatte, für einen seiner Kunden. Er ist Screendesigner und Webmaster. Es war eine gute Website, muss ich sagen. Man hatte einen Chatroom, ein Forum, wo man Beiträge abgeben konnte, man konnte sich über diese Seite Nachrichten zukommen lassen, sein Profil einstellen und Fotos reingeben. Man hatte eine Shoutbox und man konnte Lieder gratis hören, man brauchte nur Kopfhörer oder Boxen. Einfach alles, was das Chatter-Herz begehrt.

Ich wusste schon am zweiten Tag, als ich in Portsmouth, England, ankam, dass etwas nicht stimmte. Schon alleine das Haus, in dem das Büro eingerichtet worden war, ließ Erinnerungen aufkommen. Ich konnte mich an den weißen Treppenaufgang erinnern und an den Treppenabsatz, wo ich vor 20 Jahren gesessen bin. Aber entgegen meinem plötzlich aufkommenden Misstrauen waren alle freundlich. Doch mir wurde von Tag zu Tag die Sache unheimlicher. Mir war, als wäre die ganze Stadt vergiftet. Ich kam mir vor wie in einer Truman-Show oder wie in einem Big-Brother-Container und als wären die Leute rund um mich nur Schauspieler. Ich war so naiv zu glauben, diese Leute wollten nur das Beste für mich.

Der Administrator stellte mir Leute vor, ich lernte einige Leute von der Musikbranche kennen, sowie auch einige Plattenbosse. Er brachte mich auch zu den Joboffices. Was ich sehr seltsam fand, war, dass er auch für mich kochte. Nach ein paar Wochen wurde er mir immer unsympathischer, er ärgerte sich, weil ich mich nicht aufraffen konnte, einen Job zu suchen. Währenddessen hatte ich auch alles andere als Lust, eine Arbeit zu suchen. Neugierig, wie ich war, wollte ich endlich wissen, was vor sich ging.

Ich wusste zu diesem Zeitpunkt noch nicht, dass Leute Jahre damit verbracht haben, mich zu suchen, während ich in einer kleinen Kammer in Eferding von meiner Pflegemutter gequält wurde. Ich bekam nicht nur fast jeden Tag Schläge wegen Nichtigkeiten, sondern auch emotionale Grausamkeiten serviert.

Einmal kam ich heim, und sie sah, dass es mir schlecht ging, und dass Einzige, was ihr einfiel, war, dass ich meine Schuhe im Vorhaus nicht ausgezogen hatte und damit ins Zimmer ging.

Es kamen noch ein paar Besuche. Viele Leute, die mich sehen wollten. Wenig später bekam ich in einem Pub meine erste anonyme Morddrohung. Auf den Zettel stand: „Die, Bitch, die“ und ~~Thinking of you~~ ➔ “Thinking of me“.

Tage danach brachte mich der Administrator unter dem Vorwand, mir eine internationale Karte für Jobsuchende zu besorgen, in ein anderes Office in einem anderen Stadtteil. Tatsächlich saß dort ein Mann, ich glaube, er war von Scotland Yard oder so. Er überprüfte penibel genau meine Daten und meinen österreichischen Pass und später meinte er zu uns „That’s crazy isn’t it?“, worauf ich bejahte.

Ab diesem Zeitpunkt bekam ich ein flaues Gefühl im Magen und spürte, dass ich mich in Gefahr befand. Ich wollte so schnell es ging wieder abreisen. Aber das Schicksal wollte es anders, ich bekam einen grippalen Infekt, ich wollte abreisen, aber ich war einfach zu schwach. Was noch dazu kam, der Administrator der Website wollte zwar auch, dass ich abreiste, dennoch verhinderte er meine Abreise auf über eine Woche, weil er meinte, ich solle noch warten, da ich noch Geld vom Arbeitsmarktservice bekäme.

Am 8. Februar konnte ich schließlich abreisen, aber der Administrator begleitete mich nicht. Ich wurde komplett alleine gelassen. Ich hatte Angst und Panik alleine und fühlte mich schwach, alles vor Grippe und Aufregung. Weil ich trödelte, war ich spät dran und mein Taxi schaffte es einfach nicht mehr rechtzeitig zum Flughafen und ich verlor meine Brille. Da ich kurzsichtig bin, sah ich die Displays am Flughafen nicht mehr. Ich verpasste das Flugzeug um 10 Minuten. Der Taxifahrer fand es nicht der Mühe wert, mir mit dem Gepäck zu helfen. Ich musste 24 Stunden auf das nächste Flugzeug warten und für mich war das der reinste Horror. Ich hatte Angst, alleine zu sein auf diesem riesigen Flughafen in einem fremden Land, wo ich nicht wusste, was vor sich ging. Ich schwitzte sehr, ich bekam keine Luft und mir wurde schwindelig, ich war traurig und empfand Hass, erst jetzt fiel mir auf, dass ich eigentlich irgendwie nur benutzt worden war. Ich wusste zwar nicht, warum diese ganze Aktion gestartet worden war, alles nur, um mich nach England zu bringe? Aber es hatte sicher einen Grund.

Für mich war es der wahr gewordene Albtraum. Ich kam mir vor wie in dem Film „Spurwechsel". Um mich zu erholen und weg von diesem riesigen Flughafen zu kommen, floh ich in das Hotel Radisson. Ich dachte, ich hätte dort Ruhe und könnte mich erholen.

Aber leider bekam ich eine Panikattacke, gefolgt von einem Nervenzusammenbruch, da ich endlich begriff, dass ich in einer Lebenslüge aufgewachsen war und immer nur belogen wurde.

So schnell es ging, orderte ich ein Hotelzimmer. Aufgrund der Morddrohung eine Woche zuvor und mit dem begleitenden Umstand, auf diesem großen Flughafen ganz alleine gelassen worden zu sein, und mit der Erinnerung an meine wahre Herkunft, geriet ich in Panik. Alle hatten mich belogen und getäuscht und enttäuscht. Das Ganze war eine Falle, um mich zu quälen und dann später zu beseitigen. Es war einfach alles zu viel für mich. Es war, als würde ich im Stich gelassen werden und die ganze Welt sei gegen mich.

In größter Verzweiflung schloss ich die Tür auf. Danach nahm ich ein langes heißes Bad, um mich irgendwie zu beruhigen, denn ich hatte einfach hochgradig Angst, ich wollte einfach nach Hause fliegen.

Als ich mit dem Bad fertig war, hatte ich mich immer noch nicht beruhigt. In meinem panischen Wahn dachte ich, in jedem Moment kämen Männer und würden mir die Pistole vor die Stirn halten. Oder einer lässt das Hotel mit Sprengstoff explodieren. Meine Gedanken wurden immer wirrer, ich konnte keinen klaren Gedanken mehr fassen. Was sollte ich denn nur tun? Ich hatte solche Angst. Da kam mir plötzlich eine Idee. Ich lief die Treppe hinunter zur Rezeption und bat die Frau um Hilfe. Das war ca. um 3 Uhr früh. Dies wurde mir irgendwie total zum Verhängnis. Ich wollte eigentlich nur zu einem normalen Arzt, aber diese Frau alarmierte die Security. Ich dachte, sie wollten mir was antun, und redete wirres Zeug. Sie boten mir ein Glas Wasser an, ich trank nicht vor Aufregung. Später verlangten sie alle meine Ausweise, ich gab sie ihnen nicht, sie entrissen sie mir. Danach sagten sie mir, sie brächten mich in ein Krankenhaus, ich wollte aber nicht. Aber sie zwangen mich dazu. Ich lief ihnen davon, ich lief im Hotel im Kreis. Ich kann gar nicht in Worte fassen, welche Angst ich hatte. Später kamen noch Leute hinzu, ich glaube, es waren 4 oder 5 Leute. Wenn ich so zurückdenke, war das alles wie in einem Horrorfilm für mich. Ich schrie und wehrte mich wie eine Tobende, aber als zartes Mädchen, hatte ich gegen 5 starke Männer keine Chance. Ich hatte einen Nervenzusammenbruch, weil ich endlich begriff, dass ich in einer Lebenslüge aufgewachsen war.

Sie brachten mich in einem blauen Kombi weg. Wir fuhren ca. eine halbe Stunde nach Essex, Harlow, das fand ich aber erst später raus. Sie sagten mir nicht, wo wir hinfuhren. Ich hatte solche Panik. Die Männer von der Security sprachen kein einziges Wort. Auch das machte mir Angst.

Sie überstellten mich mitten in der Nacht ins Krankenhaus. Was für mich noch ärger war, sie brachten mich nicht beim Haupteingang rein, sondern beim Seiteneingang. Dort angekommen, bekam ich noch einmal eine Panikattacke. Ich dachte, die nächsten Minuten überlebe ich nicht, dann hab ich mir gedacht, ich könnte die letzten Minuten noch verwenden und einen Fluchtversuch wagen.

Die Leute um mich versuchten, mich zu beruhigen, doch ich regte mich immer mehr auf. Die Türen waren überall verschlossen, ich drehte mich im Kreis. Dazu muss ich noch hinzufügen, aus einem Kindheitstrauma heraus, habe ich Angst vor verschlossenen Türen. Ich drehte vollkommen durch, denn ich fühlte mich wie ein gefangenes Tier. Ich wollte durch einen Seiteneingang flüchten, als andere „Mitarbeiter" durch die Tür hindurch hinzukamen, doch ich schaffte es nicht, ich war einfach zu schwach. Aus lauter Wut und Angst trat ich mit dem Fuß gegen diese Glastür, dass das Glas zersplitterte. Sie boten mir etwas zu trinken an, aber ich trank nicht. Ich blickte auf die Fenster. Sie waren überall vergittert. Ich dachte mir: „Mein Gott, wohin haben die mich hier gebracht?" Und überlegte mir, wenn es wirklich einen Gott gab, dann bringt er mich auch wieder hier heil raus. Ich setzte mich auf einen Sessel, der in einem kleinen Raum stand. Allmählich begann ich, mich zu beruhigen. Sie sagten, der Arzt kommt gleich, ca. um 9 Uhr. Ich hatte solche Angst, denn ich dachte, dieser Arzt gibt mir eine Spritze und das war's dann für mich.

Doch das geschah später, wie sich herausstellte, nicht. Es zieht noch immer alles vorbei, wie in einem Film, für mich ist es noch, als wäre alles gestern gewesen. Noch heute, wenn ich mich zurückerinnere, rinnt mir der kalte Schweiß über die Schultern und ich fange an zu schwitzen und zu zittern.

Aus lauter Panik begann ich, alle Nummern zu wählen, da mein Akku fast leer war, doch ich hatte Glück im Unglück. Ich erreichte meine Eltern und andere Leute und schließlich fand ich die englische Notrufnummer heraus. Mein Vater telefonierte währenddessen mit dem Arzt. Inzwischen kam die Frau mit den toten Augen, die durch mich hindurchsahen, zu mir. Ich hasste diese Frau von Anfang an, und sie mich. Sie schien gefühllos, kalt, brutal und unbarmherzig mir gegenüber. Außerdem hatte ich ein Flashback, als ich sie sah. Sie war damals dabei, als sie mich in die Waschmaschine gebracht hatten und mich in der Waschmaschine umbringen wollten. Da war ich noch ein Kleinkind. Ich konnte mich an ihre Visage erinnern.

Auch sie bot mir etwas zu trinken an. Danach meinte sie: „See, we only want to help you. Thing's gonna go worse for you if u don't drink that." Diesmal nahm ich an. Ich tippte den Finger vorsichtig rein und kostete einen Tropfen. Ich war misstrauisch. Es zog mir den ganzen Gaumen rauf und brannte fürchterlich auf der Zunge, bis hinunter in meinen Bauch. Das war alles andere, nur kein Wasser. Ich glaube, dem Geschmack nach, war es hochprozentiges Reinigungsmittel. Ich schüttete es weg. Wasser konnte nie im Mund so stark brennen, sogar in der Magengegend brannte es nach. Ich muss hinzufügen, keiner glaubte mir später. Aber es war tatsächlich alles so, wie ich es schildere.

Nun musste ich wieder warten. Als ich die Notrufnummer gewählt hatte und mein Vater Interpool informiert hatte, meinte die Frau zu anderen: „It won't be so easy." Und dann sagte sie noch: „There are more people in the same situation like you." Und später meinte sie: „We must do it fast, otherwise it won't work.". Sie dachte, ich würde die englische Sprache nicht verstehen, doch ich wusste sehr wohl, was sie damit meinte.

Wenig später brachten sie mich nach oben in den ersten Stock. Ich kann mich nicht mehr erinnern, wie wir dorthin gelangten, aber ich glaube, wir fuhren mit dem Lift. Oben angekommen, wurde ich noch einmal von einem Mann interviewt, und er fragte mich nebenbei, über viele verschiedene andere Dinge aus. Ich stellte mich dumm, doch ich gab Antworten, ich wollte so schnell wie möglich aus diesem ekligen und ungemütlichen Krankenhaus raus. Er fragte mich über mein Leben aus. Ich schilderte ihm ein bisschen von meinem Leben, aus lauter Angst, und ich hoffte, das würde mir helfen, aus diesem Krankenhaus rauszukommen.

Ich hielt es an diesem Ort nicht länger aus. Es war stickig und eklig dort. Sie wollten, dass ich an diesem ungemütlichen Ort übernachte. „Niemals", dachte ich mir.

Diesmal hatte ich richtig Glück im Unglück. Mein Vater flog so schnell er konnte mit dem nächsten Flugzeug nach London. Ich glaube, ihm war bewusst, dass ich ohne ihn keine Chance mehr hatte. Denn ohne ihn wäre ich aus diesem Krankenhaus nicht mehr rausgekommen.

Er war innerhalb von drei Stunden in London und fuhr mit dem Taxi ins Krankenhaus. Ich war so erleichtert, als ich ihn sah, und mir fiel ein Stein vom Herzen. Ich dachte schon, mein letztes Stündlein hätte geschlagen. Ich umarmte ihn, als er ankam, und sagte zu ihm: „Ich hab dich lieb."

Bevor wir gingen, sagte einer von dem Personal noch: „Everyone get's a second chance", was so viel bedeutet wie: Jeder bekommt eine zweite Chance.

Selbst jetzt wollten sie noch, dass wir im Krankenhaus übernachten sollten, doch wir wollten ins Hotel. „Nein, sicher nicht", dachte ich mir, „nur raus aus diesem ätzenden grindigen Krankenhaus!" Denn so hätten wir wieder Zeit verloren. Wir wussten, wir mussten so schnell wie möglich zurück nach Österreich. Da alle Flüge ausgebucht waren, wegen der kommenden

Semesterferien durch die Studenten überfüllt waren, mussten wir die Reise mit dem Zug antreten.

Wir waren insgesamt drei Tage unterwegs, drei Tage konnte ich weder etwas essen, noch etwas trinken, ich stand einfach noch unter Schock, und war traumatisiert durch das, was mir gerade ohne Schuld widerfahren war. Es war der wahrgewordene Albtraum. Meine schlimmsten Träume wurden zur Wirklichkeit.

Da wir am selben Tag keine gute Verbindung zu den Anschlusszügen mehr hatten, nahmen wir uns ein Hotelzimmer. Wir mussten nicht lange warten und bekamen ein Zimmer. Es war in Ordnung, aber das WC war defekt, und da waren Rückstände vom letzten WC-Aufenthalt anderer Gäste. Daher rief ich bei der Rezeption an, und beschwerte mich. Es wurde sofort jemand heraufgeschickt, der dann meinte, wir müssten das so hinnehmen, oder uns ein anderes Hotel suchen. Dann meinte er zu mir noch: „Look, Shit like you doesn't go away that eas." Ich fühlte, wie ich innerlich kochte vor Ärger, mir das auch noch gefallen zu lassen, doch ich beherrschte mich. Das war so herzlos und gemein, ich hätte mit meinem Fuß ihm in das Gesicht kicken können.

Also, wir waren mit dem Zug unterwegs, da wir den Eurotunnel nicht nehmen konnten. Es war einfach zu teuer und wir hatten nicht so viel Geld dabei. Wir fuhren mit der Fähre über den Kanal Dover – Calais.

Aus Sicherheitsgründen nahmen sie mir auf der Fähre das Gepäck ab. Ich spürt, dass die ganze Situation, in der wir uns befanden, sehr angespannt war. Meinen Koffer, mit meinen Kleidungsstücken die meisten waren Erinnerungen und Geschenke von meiner Mutter sah ich nie wieder. Sie behaupteten zwar, ich würde ihn wiederbekommen, aber später meinten sie, sie wüssten nichts davon. Aber das war noch das kleinste Problem.

Als wir nach Lille in Frankreich kamen, das war der 2.Tag, übernachteten wir dort, da es dort keinen Anschlusszug mehr gab. Wir gingen von einem Hotel zum anderen, aber keiner hatte mehr ein Zimmer frei, egal, wo wir hinkamen. So mussten wir wohl oder übel die Nacht im Freien in einem kleinen Park verbringen. Wer einmal schon eine Nacht im Freien ohne Zelt und Schlafsack im Winter verbracht hat, weiß, wie sich das anfühlt. Nicht nur die Kälte und der kalte Wind waren schrecklich und unangenehm, auch hatte ich sehr viel Angst, dass uns wer etwas antun wollte. Wir verbrachten die Nacht in einer Telefonzelle, doch dort war es auch nicht wärmer.

Mein Vater joggte drei Runden um den kleinen Park, damit seine Glieder nicht einfroren. Später gingen wir zur U-Bahnstation, um uns zu wärmen. Aber dort war es auch nicht viel wärmer, da ein schneidiger Wind ging, aber dort war es wenigsten windgeschützt.

In der Früh nahmen wir den ersten Zug und reisten weiter. Ein Mann, der mich am Bahnhof sah, als wir auf den Zug warteten, schrie: „Mon dieu la catastrophe!"

Im Zug danach waren überall Männer in Anzügen, die um uns standen. In Deutschland war es noch ärger. Da standen ca. 15 Männer alleine um mich rum und bildeten einen Kreis um mich.

Entweder standen die rum, um mir noch mehr Angst einzujagen oder um mich zu beschützen, ich hatte keine Ahnung. Die ganze Zeit verbrachte ich in einer Art Panikzustand, die Umwelt um mich nahm ich nur bruchstückhaft wahr, soviel Angst hatte ich.

Auch als ich hier in Österreich ankam, wurde ich nicht freundlich im Krankenhaus empfangen vom Personal, es war eher das Gegenteil der Fall. Aber mein Sozialarbeiter war dafür besonders freundlich, er meinte zu den anderen, sie sollten behutsam mit umgehen, ich hätte eine sehr harte Zeit und bereits sehr viel durchgemacht. Es schien, als wäre er der Einzige, der mich verstand.

Die ersten Nächte hatte ich noch soviel Angst, dass ich nicht einschlafen konnte. Das kam von den vorhergegangenen

Panikattacken. Während dieser Zeit im Krankenhaus, ging es mir sehr schlecht, und mein Vater fragte immer wieder besorgt den Arzt: „Wird sie wieder gesund? – Was können wir tun, um ihr zu helfen, und wie lange wird es dauern, bis sie wieder gesund wird?" Zu dieser Zeit kümmerten sie sich wirklich um mich, und es berührte mich innerlich sehr, es war das erste Mal in meinem Leben, dass sie wirklich Verständnis zeigten. Ich war so traumatisiert von all dem, was geschehen war, dass ich nicht einmal fernsehen konnte. Tagelang lag ich im Bett und starrte aus dem Fenster, während sich meine Gedanken nur im Kreis drehten. Das Krankenhauspersonal gab mir täglich Tabletten, die meinen Daseinszustand abdämpften, doch ich bekam fast keine Gespräche mit einem Psychologen, die ich so nötig brauchte, um die voran gegangenen Ereignisse zu verarbeiten. Es war ganz klar, Tabletten konnten meinen Zustand nur abdämpfen, aber mich nicht heilen.

Ich stehe immer noch unter Schockzustand, wenn ich mich zurückerinnere. Ich kann mich noch immer an jede Einzelheit erinnern, obwohl es schon einige Zeit her ist. Ich kann nicht verstehen, warum dies genau mir passieren musste. Immer wieder tauchte die Frage auf: warum? Warum das Ganze? Ich habe absolut niemandem etwas Böses angetan, aber ich wurde behandelt, als wäre ich ein Verbrecher, doch der Unterschied zu diesen ist, dass ich nichts verbrochen habe. Mehr noch, ich hatte nicht einmal eine Ahnung davon, was vor sich ging. Ich war total unschuldig und zu Unrecht in diese Situation geraten.

Heute las ich in der Zeitung. In einer Überschrift stand: „Das Leben ist wie eine Fashionshow." Für viele Menschen muss es wirklich so sein, immer nur das Problem zu haben: „Was ziehe ich heute an, um Eindruck zu schinden und eine Stilikone zu sein?" oder „Wie spinne ich die nächste Intrige, um dieses oder jenes Ziel zu erreichen?" Aber es ist nun mal so, und ich kann es nicht ändern. Ich wuchs mit den harten Regeln auf: „Wenn du dir nicht selber hilfst, hilft dir keiner, außer vielleicht deine Familie."

Mit dem Wissen, das ich jetzt habe, wird mir vieles klar, was mir schon früher passiert war.

Wegen Nichtigkeiten bekam ich Schläge und Misshandlungen waren an der Tagesordnung. Sie schlug mich mit dem Kochlöffel und dann schrie sie ich gehöre in einer Gaskammer vergast.

Oder sie trat mit den Schuhen an ihren Füßen auf mich ein, während ich in der Ecke kauerte. Öfters packte sie mich an den Haaren und schleifte mich – ich auf dem Rücken liegend – durch das ganze Wohnzimmer über die 3 cm hohe Schwelle. Ich hatte 3 Wochen Schmerzen an der Wirbelsäule. Es war ein grausames Marionettentheater, ich wusste nur nicht, wer der Puppenspieler war.

Da ich immer isoliert wurde, konnte ich mich an niemanden wenden, oder zu jemandem Vertrauen fassen und von meiner brutalen Mutter erzählen.

Heute würde ich einfach das Rote Kreuz anrufen.

Immer wieder ging sie auf mich los wegen Nichtigkeiten, und das tagtäglich. Sie behandelte mich wie einen Fußabtreter.

Ich bin völlig verwahrlost und vernachlässigt aufgewachsen. Sie machte nur fleißig die Hausarbeit und kümmerte sich nie um mich, ich war mir immer selber überlassen. Was dazu kam, war, dass ich keine Erziehung bekam und nicht einmal genug Geld, um mir Damenbinden für meine Monatsblutung zu kaufen. Ich nahm Klopapier aus der Toilette. Außerdem trug ich immer Second-Hand –Kleidung, während meine Mutter teure Kleidung vom Stöcker und Goldschmuck kaufte.

Ich wusste schon mit 15, dass dies nicht mein Zuhause sein konnte. Ich gehörte nicht in diese Welt, in der ich gegen meinen Willen aufwuchs. Ich spürte, dass in Eferding alle gegen mich waren und mich immer ins Unglück stürzen wollten.

Zeitweise kam ich mir vor wie im Gefängnis, weggesperrt von der Außenwelt, nur in die Schule durfte ich gehen, denn die Ausflüge mit meinen Pflegeeltern waren sehr selten.

Ich wünschte mir immer, ich hätte Flügel wie ein Vogel oder ich wäre Pilot und hätte einen Hubschrauber und könnte einfach wegfliegen von dort, wo ich aufwuchs, aber ich fühlte mich wie in Ketten. Aber ich war immer eine Kämpferin, und so hielt ich durch. Keiner meiner Eltern schenkte mir Liebe, die ich so nötig brauchte, sie waren immer so materialistisch.

Mir ging es in diesem Alter seelisch sehr schlecht, ich war betäubt von der Traurigkeit und betäubt von all dem Leid, was mir angetan wurde, und ich hatte Angst, dass mir wieder jemand was zuleide tun wollte. Es ging mir immer schlechter und ich weinte fast jeden Tag. Ich vegetierte isoliert in einer kleinen Kammer dahin, wie ein Hund, und jeder Tag war eine Qual für mich.

In Eferding spielten sie mit mir, ich sei – „der letzte Dreck“ – und ich sei – „der letzte Abschaum der Geschichte, den die Welt je gesehen hat.“ – Meine Mutter quälte mich fast jeden Tag mit seelischen und körperlichen Grausamkeiten. Wegen Nichtigkeiten schrie sie mich an, z. B. nur, weil ich eine Wurstscheibe vom Teller fallen ließ. Ich hatte wirklich Horrorerlebnisse.

Da ich nur Second-Hand-Kleidung anhatte, ich trug immer alte, verwaschene Jeans und alte T-Shirts, und aufgrund meines verwahrlosten Auftretens, ich durfte nur einmal in der Woche duschen gehen (!), und hatte nie einen Friseur gesehen, und da ich mit steinreichen Bauernkindern in die Hauptschule Eferding ging, wurde ich von meinen Mitschülern fast zu Tode gemobbt. Beate (Name geändert) war die Rädelsführerin, die Anführerin der Klasse, sie hetzte die ganze Klasse gegen mich auf. Wie kann ein Mensch nur so gemein sein und dem anderen seine Lebensfreude nehmen, und seinen Ruf so schlecht machen, dass man so eingeschüchtert wird, dass man sich selber nichts mehr zutraut.

Tagsüber wurde ich in der Hauptschule aufs Ärgste von meinen Mitschülern gemobbt und als ich nach Hause kam, quälte mich meine Pflegemutter weiter.

Als ich zu einem Lehrer ging und um Hilfe bat, wurde mir einfach klipp und klar gesagt, das sei mein Problem und ich müsse damit selber klar kommen. Sie meinten auch, ich sei „zart besaitet“ und man könne mich nicht nur mit „Glaceehandschuhen“ anfassen.

Ich litt sehr unter dem Mobbing meiner Mitschüler und mein Leben war die Hölle, die nie enden wollte.

Ich wurde ohne Grund diskriminiert bis aufs Letzte und ich fühlte, wie man sich hinter meinem Rücken lustig machte und mich verspottete. Klar, für meine Mitschüler war das nur Spaß, vielleicht für die anderen, aber nicht für mich. Es war eine sehr schreckliche, lange nicht zu Ende gehende Schulzeit für mich. Sie mobbten mich immer so lange, bis ich einen Wutanfall bekam und zu weinen anfing.

Ich war hilflos den Mobbern in meiner Klasse ausgesetzt und konnte mich nicht zu Wehr setzen, da ich kein soziales Netz hatte, und sich niemand für mich einsetzte und mir zu Hilfe eilte. Kinder aus der Parallelklasse meinten immer, ich sei leider in einer Horrorklasse gelandet.

Auch zu Hause sah in der Umgebung niemand einen Grund, einzugreifen, obwohl man manchmal meine Schreie zeitweise bei geöffnetem Fenster im Elternhaus bis zu den Nachbarn hörte. Einmal waren die Schreie so laut, da wollte eine Nachbarin die Polizei rufen, doch sie traute sich nicht, einzugreifen.

Alle Leute in der 7 – Häuser – Siedlung wussten, dass bei mir zu Hause etwas nicht stimmte. Aber niemand schaltete das Jugendamt ein!

Es war die Gleichgültigkeit der Leute und der Nachbarn, dass niemand eingriff, und ich litt sehr lange Zeit ungeheuerlich seelisch und körperlich. Fast jeden Tag kauerte ich im Bett und weinte mich aus, weil ich keine Vertrauensperson hatte, der ich meinen Kummer erzählen konnte.

Ich erinnere mich zurück an die Unterstufe, wo ich von Mitschülern terrorisiert, ausgelacht, gequält und ausgeschlossen wurde. Sie nannten mich Tschernobyl, aber das war nicht alles. Ein Bub schleuderte mich einmal wegen eines nichtigen Grundes gegen die Kastenwand. Und ein anderer drohte, mir einen Sessel auf den Kopf zu hauen.

Einmal, während einer Videovorstellung, es wurde gerade „Schindler' Liste" gezeigt, während sich alle gebannt den Film anschauten, pickte mir ein Störenfried einen Kaugummi in das Haar. Meine Eltern brauchten damals einen halben Tag, um das verklebten Knäuel Haare zu entwirren und den Kaugummi aus meinen Haaren zu entfernen.

Eine einzige Person in meiner Klasse, Beate, brachte es damals zustande, die ganze Klasse gegen mich aufzuhetzen. Sie nützten jede Gelegenheit, wenn die Lehrer mich unbeobachtet ließen, mich zu quälen und zu demütigen und Intrigen zu spinnen. Aber das war ihnen nicht genug. Oft, versteckten sie mir meine Schuhe, mein Federpennal und meine Schultasche, die ich nur wiederbekam, wenn ich auf Knien darum bettelte. Für mich war die Anwesenheit der Lehrer immer ein gewisser Schutz, denn mir war klar, so lange ich mich in ihrer Nähe aufhielt, konnte ich ihnen keine Gelegenheit bieten, mich zu quälen. Dafür waren die Pausen für mich um so schlimmer, da niemand anwesend war, konnten sie mich nach Lust und Laune demütigen und diskriminieren, ohne dass es jemand von den Lehrern merkte. Doch auch oft, wenn welche anwesend waren, schauten sie zu und griffen nicht ein. Es war teilweise so arg, dass ich mich in den langen Pausen alleine in das WC einsperren musste, damit ich nicht gequält, gedemütigt und von meinen Klassenkollegen terrorisiert wurde. Beate hat es tatsächlich geschafft, nicht nur meine Hauptschulzeit zu zerstören, sondern meine ganze Kindheit. Ich habe heute noch mit seelischen Folgeschäden zu kämpfen, Beate sollte einmal die Arztkosten übernehmen. Mobbing betrieb sie auf Kosten anderer, nur weil sie selber beliebt werden und im Mittelpunkt stehen, also besser dastehen wollte. Wäre sie nicht gewesen und ihre falsche Art, mit anderen umzugehen, hätte ich garantiert Freunde gefunden und ich wäre nicht so arg gemobbt worden.

Damals in meiner Hauptschulzeit hatten wir jede zweite Woche das Fach Kochen, und obwohl die Lehrerin sehr streng war und sie Wert auf Disziplin legte, griff sie nie ein, als ich wieder von meinen Mitschülern in der Stunde terrorisiert wurde. Sie rollten das Geschirrtuch ein und schlugen damit auf mich ein. Als ich mich einmal bei der Aufsichtsperson beschwerte, und meinte, es sei ihre Pflicht, einzugreifen, meinte diese nur herzlos, das sei mein Problem und ich müsse selber damit fertig werden.

So, wie damals eine Mitschülerin, bei einem Ausflug zu mir einfach sagte: „Bring dich doch um, das ist das Beste, was du tun kannst, denn bei uns kommst du so nicht durch." Ich antwortete darauf:

„Hast du ein Problem?" Ich bekam die Antwort: „Ja, mit dir."

Als der Bus außer Sichtweite war, zog es mir die Kehle zusammen, mein Magen verkrampfte sich und ich hatte einen Kloß im Hals und es brachen die Tränen aus.

Damals dachte ich mir, die Lehrer könnten mich beschützen, doch sie, die auch Mitverantwortung an der Erziehung Heranwachsender haben, griffen nie ein. Es war ihnen gleichgültig, was mit mir passierte. Sie meinten einfach, ich sollte das selber mit meinen Schulkollegen regeln.

In mir steigerte sich die Wut und Enttäuschung. Waren sie denn alle blind? Sahen sie denn nicht, wie sehr ich litt, und war ihnen das egal? In den darauffolgenden Jahren kam es so weit, dass die Übergriffe meiner Klassenkollegen in der Klasse immer ärger wurden. In den größeren Pausen, musste ich mich im Klo einsperren, um mich vor weiteren Übergriffen zu schützen. Diese Übergriffe waren nicht nur körperlich, sondern auch seelisch, und das schmerzte oft noch weit mehr. Ich war der Brutalität aller Schüler der Klasse hilflos ausgeliefert. Sie waren alle gegen mich und erfanden immer neue Methoden, mich zu quälen und zu mobben. Jeden Tag vor der Schule hatte ich Bauchkrämpfe vor Angst, was sie sich als Nächstes ausdenken würden, und meine Beine wurden schwer wie Blei und ich bekam Bauchschmerzen, wenn ich auch nur in die Nähe der Schule kam. Am liebsten wäre ich weggelaufen, aber meine Mutter zwang mich jeden Tag aufs Neue, in diese verhasste Schule zu gehen.

Ich begann, nichts mehr zu essen, und magerte bis auf die Knochen ab, weil ich seelisch so litt, da war ich 14 Jahre alt. Mein Selbstvertrauen war zerstört. Ich konnte mich niemandem anvertrauen, weil ich kein Vertrauen mehr zu den Menschen hatte. Es war immer, als ob eine unsichtbare Wand zwischen mir und den anderen Menschen war, die ich nicht durchbrechen konnte.

Mit der Zeit begann ich, mich selber zu hassen. Wenn ich in den Spiegel schaute, wusste ich, ich war noch immer ein Häuflein Elend. Fast jeden Tag hatte ich Albträume von dieser Schule und sie hörten einfach nicht auf.

Ich litt lange Zeit so schlimm, dass ich mir ernsthaft Gedanken machte, ob mich Gott auf dieser Welt einfach vergessen hatte. Ich dachte mir: „Wenn es Gott wirklich gibt, dann darf er die Hölle, in der ich lebe und in der ich ohne Grund still schon über Jahre leide, nicht zulassen."

Der einzige Lichtblick in meinem Leben war der Samstag in der Woche. Samstag ging ich immer reiten in die Reitschule.

Einmal, als ich in den Reitstall zu meinen Reitstunden mit dem Rad an einem schönen Sonnentag fuhr, fuhr mir ein Schulkollege entgegen. Er war aus meiner Klasse und einer, der mich am meisten dort quälte. Er schrie mir entgegen: „Du Loser, du Loser" und spuckte mir ins Gesicht. Ab diesem Zeitpunkt schwor ich mir selber, auch wenn ich noch so depressiv war und gedemütigt wurde, dass ich um jeden Preis überleben muss und es eines Tages allen zeigen werde.

Zu dieser Zeit fühlte ich mich sehr alleingelassen und gedemütigt. Mit der Zeit hatte ich keine Selbstachtung mehr vor mir, ich vernachlässigte meine Körperpflege und ich begann, wie gesagt, mich selber zu hassen. Ich gab mir selber die Schuld dafür, und dachte mir, ich sei ein schlechter Mensch und hätte nichts anderes verdient.

Es wird mir jetzt erst klar, warum mir wildfremde Leute, die ich in meinem Leben noch nie gesehen hatte, das Leben schwer machten mit Beleidigungen und Kränkungen. Sie erkannten mich ganz einfach an meinem Gesicht.

Auf der anderen Seite wiederum wurde ich von anderen Menschen behandelt, als wäre ich ein Goldschatz.

Es ist einfach meine Abstammung, die viele Leute auf mich reagieren lässt. Meine leiblichen Eltern waren sehr, sehr reich und berühmt. Aber es war nicht bei allen Leuten so. Die meisten Leute sind blind und sehen mich nicht, was für mich manchmal ein Vorteil ist, da ich dann nicht blöd angemacht werde.

Manchmal, wenn ich verzweifelt war, weil ich von meinen Klassenkollegen in der Hauptschule wieder einmal gequält und ausgelacht wurde und ich in Tränen ausbrach, nach einem schlimmen Tag, lief ich zu meiner Mutter und heulte mich bei ihr aus. Doch anstatt mich zu unterstützen und mir unter die Arme zu greifen, lachte sie mich nur aus und danach meinte sie: „Da bist du schon selber schuld, du ganz alleine." Sie hörte mir, wie üblich, nie richtig zu und Verständnis zeigte sie dafür auch überhaupt nicht, im Gegenteil, sie sekkierte mich auch noch.

Sie versuchte einfach, ihre Schuldgefühle, dass sie die Lüge weiterlebte und nicht mit der Wahrheit herausrückte, auf mich zu projizieren. Ich war eine Art Ventil für sie, um ihre Schuldgefühle und ihren Neid auf mich abzubauen, und damit mein Verhalten zu verurteilen, und das erklärte auch ihre forsche Art zu mir. Auch lud sie ihre Aggressionen immer auf mich ab, hingegen meine Brüder, mit denen ich aufwuchs, ließ sie in Ruhe, die hatten das schönste Leben.

Einmal, als ich im Teenageralter war, fing sie wieder wegen einer Nichtigkeit zu tadeln und zu schimpfen an. Ich redete dagegen, und plötzlich packte sie mich herzlos an meinem langen Zopf und schleifte mich durch das ganze Wohnzimmer bis über die Türschwelle, die ungefähr drei Zentimeter aus dem Boden hervorragte. Ich lag auf dem Rücken und war nicht in der Lage, mich zu wehren, noch später aufzustehen, da wahrscheinlich meine Wirbelsäule verletzt war. Ich war empört und fühlte mich wie ein Häuflein Elend, so respektlos behandelt zu werden. Es tat so weh, dass ich noch drei Wochen später starke Rückenschmerzen aufgrund dieser Verletzung hatte.

Ein anderes Mal wurde sie wieder einmal wegen einer Kleinigkeit gegenüber mir aggressiv, und ich kauerte mich in der Küche in eine Ecke, weil ich glaubte, ich könnte so ihren Zorn gegen mich mindern. Doch anstatt von mir abzulassen, packte sie mich am Arm, schleifte mich in eine andere Ecke und trat noch mit Schuhen an den Füßen auf mich ein, während ich in dieser Ecke kauerte, so lange, bis ich endlich in Tränen ausbrach. Als sie dann nach einer Viertelstunde von mir abließ, konnte ich mich in mein Zimmer flüchten. Dort sperrte ich mich ein und verkroch mich, wie meist, tagelang unter der Bettdecke wie ein verletztes Tier. Diese Szenen wiederholten sich des Öfteren in verschiedenen Variationen, mit mehr oder weniger körperlicher Gewalt. Manchmal steigerte sich die Wut in mir so, dass ich sie kaum unterdrücken konnte. Ich war ihr immer hilflos ausgeliefert. Ich konnte und wollte einfach nicht verstehen, warum sie immer auf mir grundlos herumhackte, denn meine Brüder ließ sie so weit in Ruhe, nur auf mich ging sie immer los. Es schien immer, als wäre ich der dankbare Sündenbock für alles in der Welt. Jede Woche kontrollierte sie meinen Mistkübel und auch meine Post kontrollierte sie, was ich damals sehr seltsam fand.

In den Ferien musste ich immer arbeiten gehen, neben der Schule. Einmal arbeitete ich einen Monat in der Gurkenfabrik am Fließband, während meine beste Freundin 4 Wochen Urlaub in L.A. in den USA machte. Das war sehr bitter für mich, da ich selber gerne mal in die USA fliegen wollte.

In der Pause stand ich mit zwei netten Damen beisammen. Während der Arbeit hatten sie mich kaum belästigt, dafür aber beim Putzen um so mehr. Sie wollten mich verarschen, aber diesmal habe ich Kontra gegeben. Kein Sinn für Schönheit, Mitgefühl und Herzenswärme. Mein Vater hatte wirklich recht. Je besser es dem Menschen geht, desto brutaler wird er, kein Mitgefühl für den anderen, nur noch auf seinen Gewinn bezogen, keinen Sinn für Gemeinschaft, jeder auf sich bedacht und Außenseiter, die sich nicht anpassen können oder wollen, müssen ausgestoßen oder gequält werden, damit keine anderen Ansichten zu ihnen vordringen. Wie grausam ist doch diese Welt geworden. In Zeiten der Not mussten die Menschen zusammenhalten, damit sie überlebten, doch heute, wo wir in Österreich von allem genug haben und im Überfluss leben, wird der Egoismus in den Menschen immer ausgeprägter.

Aber was mich am meisten schmerzte, war, dass, wenn ich andere Mädchen und deren Mütter beobachtete, die Mütter immer hinter ihren Töchtern standen und nur das Beste für sie wollten. Hier bei mir war es genau umgekehrt. Meine Mutter war zwar eine tolle Hausfrau und machte fleißig ihre Arbeit im Haushalt und wir hatten oft genug zu essen und sie wusch auch immer unsere Wäsche und alles, aber sie versuchte immer schon, mich irgendwie loszuwerden. Anstatt mit mir jeden Sonntag in die Kirche zu gehen, dem ich nie abgeneigt war, und mich zur Keuschheit zu erziehen, tat sie das genaue Gegenteil und ich fühlte seit eh und je, dass hier was faul war. Sie versuchte immer wieder, mich mit subtilen Mitteln ins Unglück zu stürzen. Ich war den ganzen Tag mir selber überlassen und bekam keine Erziehung und konnte den ganzen Tag tun, was ich wollte.

Als wir zu dritt als Kinder klein waren, waren wir uns selbst überlassen und unsere Eltern ließen sie uns unbeaufsichtigt sogar auf den Bahnschienen spielen. Und ich frage mich immer wieder, Gott muss mich wirklich lieben, denn es grenzt an ein Wunder, dass ich noch immer am Leben bin und nicht von einem Zug erfasst und getötet worden bin.

Ich denke immer: „Du musst daran glauben, dass du überlebst, dann passiert es auch, und daran glauben, dass du es allen einmal zeigen wirst." Und ich denke auch: „Wenn Gott wirklich existiert, dann darf er diese Ungerechtigkeit nicht zu lassen." Die anderen Verwandten von mir sind alle sehr reich und sind in Sicherheit, während ich rein gar nichts besitze, in Armut lebe und gezwungen bin, in einem Ghetto zu leben, KEINE Zukunft habe, mich immer verstecken muss, damit mir nichts passiert.

Ist das die Auffassung, von Gleichberechtigung, Freiheit und Gerechtigkeit?

Ich wollte immer nur eins, in Freiheit leben, Karriere machen, so wie die anderen, und dann, wenn ich etwas erreicht habe, den anderen Waisenkindern helfen.

Da ist so viel Wut bei mir im Bauch, dass es mich fast auffrisst.

Ein anderes Mal kam meine Mutter raufgerannt und ich lag gerade in meinem Bett in meinem Zimmer, als sie plötzlich reinkam, ohne Grund einen Wutanfall bekam und mit mir zu schimpfen anfing, was sich immer mehr steigerte. Sie spuckte mir ins Gesicht und schrie mich an: „Pfui!" Und dann: „Dass ich so eine Missgeburt wie dich überhaupt aufgezogen habe!" Es wurde so laut und sie ging so erbarmungslos auf mich los, dass das sogar unsere Nachbarn gegenüber mitkriegten, weil das Fenster offen stand. Darauf ging ich einige Tage ins Exit, das ist ein Betreuungsgebäude für Leute, die Schwierigkeiten in der Familie haben. Hier verbrachte ich ca. eine Woche und die Leute kümmerten sich auch um mich, aber am letzten Tag passierten mir schon wieder ungewöhnliche Dinge. Zum einen konnte ich nicht zu Hause anrufen, ich wurde immer falsch verbunden, zum anderen wurde mir mein T-Shirt versteckt, das ich tags zuvor sorgfältig über die Sessellehne gehängt hatte.

Dann wurde ich zum Arzt gerufen. Über der Tür hin plötzlich ein Schild, das am Vortag dort nicht hing: „Ich bin so frei." Sie wissen schon, der übliche Nazispruch, und während ich mit dem Arzt ein Gespräch führte, entdeckte ich ein Buch in dem Bücherregal „Wege zur Psychiatrie", und plötzlich kannte ich mich aus. Und ich dachte mir einfach in diesem Moment: „Mein Gott, ich muss stark sein, sonst habe ich verloren."

Eine Woche später sprach ich mit meiner Nachbarin darüber, und ich brach in Tränen aus, als sie sagte, sie und ihre Tochter haben alles mitangehört und sie hatten schon ernsthaft überlegt, ob sie nicht eingreifen sollen. Ich redete mit ihr eine Zeit und sie begann zu verstehen, während ich an ihren selbstgemachten „Linzer Augen" knabberte und einen Früchtetee trank. Ich fragte sie ganz einfach: „Warum glaubst du, tut sie das?" Sie meinte darauf, dass sie neidisch ist auf mich und eifersüchtig, und dass sie mich deshalb so behandelte und auf mich los ging. Ich erklärte ihr darauf, dass sie immer schon darauf aus war, mir wehzutun, und dass sie nach außen hin, wenn wir unter fremden Leuten waren, immer den Schein wahrte.

Ach, und wenn es mir aus irgendeinem Grund schlecht ging, wo gerade zu dieser Zeit ich Liebe und Geborgenheit gebraucht hätte, dann kam sie wieder mit ihrer herablassenden Art daher. Es gab Zeiten, da hasste ich sie richtig abgrundtief. Denn mir verbot sie immer strengstens, zu lügen, selber log sie aber, dass sich die Balken bogen. Manchmal dachte ich mir, dass sie sicher glücklich sein würde, mich endlich auf irgendeine Weise loszuwerden. Dann spekulierte ich weiter: „Das soll eine Mutter sein?!" Voller Neid beobachtete ich immer andere Mütter mit ihren Kindern und wie behutsam und liebevoll sie mit ihnen umgingen. Ich bekam zwar von meinen Eltern das Notwendigste in materieller Hinsicht, doch ich wurde in emotionaler Hinsicht, total vernachlässigt. Ich beneidete auch die Familien, die mit ihren Kindern ins Kino gingen und etwas unternahmen oder mit ihnen auf Urlaub fuhren. Ich hatte das nie gehabt, außer dass uns unsere Eltern immer auf irgendwelche Berge im Sommer bei größter Hitze raufquälten, und wir mussten mitgehen, ob wir wollten oder nicht. Ich war mit meinen Brüdern sogar auf dem Hochkönig, der über 3.000 m hoch ist, und damals quälten meine Eltern uns Kinder 10 Stunden fast ohne Pause den langen Fußmarsch hinauf, da war ich 10 Jahre alt.

Als wir einmal im Supermarkt Lebensmittel einkaufen waren, da ließ ein fremder Mann, er stand neben mir, eine Bemerkung fallen. Er sagte nur ein Wort: „Die Rabenmutter." Meine Mutter stand zu weit entfernt, um es zu hören, doch ich hörte es genau.

Auch von meinem sogenannten Vater konnte ich nie seelische Unterstützung erwarten. Doch manchmal, wenn er gut aufgelegt war, konnte ich alles von ihm haben, was ich wollte. Alles, außer Liebe. Als Choleriker schrie er mich ohne Grund an, nannte mich Trampel, und meinte, ich solle lernen, zu gehorchen. Dann lief ich meistens die Treppe hoch, in mein Zimmer und sperrte mich ein. Ich weinte dann oft stundenlang, bis mein Kopf sehr stark zu schmerzen anfing. Während ich so dalag in meinem Bett, dachte ich, dass ich dazu verdammt sei, ein solches Leben zu fristen. Ich meinte, wenn es einen gerechten Gott auf dieser Welt gäbe, dann würde er meine Qualen sehen und so etwas nicht zulassen.

Zu dieser Zeit magerte ich,wie ich schrieb, sehr stark ab, ich konnte kaum etwas essen. Jedes Mal, wenn ich einen Bissen zu mir nahm, bekam ich starke Bauchschmerzen, und ich magerte bis auf die Knochen ab, da war ich 14 Jahre alt.

Ich litt zudem sehr unter Einsamkeit, weil ich mich von niemandem verstanden fühlte und niemanden zum Reden hatte, da ich außer der Schule von der Außenwelt ziemlich isoliert war.

Während dieser Zeit von 10–14 Jahren musste ich immer alte, abgetragene Kleidung tragen. Da viele Kinder hier aus reichen Bauersfamilien stammten, waren sie Snobs und hatten immer die neuesten Markensachen an. Ich war nicht nur emotional eine Ausgestoßene, sondern mit meiner abgetragenen Kleidung, hatte ich auch die Wirkung als solche, und ich stank wahrscheinlich, da ich mich nur einmal in der Woche duschen durfte. Meine Mutter hingegen, ich meine, sie hatte zwar viel Arbeit mit uns, doch sie ging immer zum Stöcker, das war ein Modehaus in der Stadt, und kaufte sich teure Markenkleidung und Goldschmuck. Ich konnte von so was nur träumen.

Ich kann mich auch daran erinnern, wie meine Mutter einmal zu meinem Bruder fuhr, und als sie heimkam, war sie einem Weinkrampf nahe. Ich fragte sie, was denn los sei, und sie meinte, ich solle mich um meinen eigenen Kram kümmern. Sie stand im Badezimmer und stützte sich gegen die Wand, als ich neben ihr stand. Ich war schon auf dem Weg nach oben zu meinem Zimmer, als meine Mutter meinem Vater auf dem Flur begegnete. Da ich im Schatten auf der Stiege stand, sahen sie mich nicht. Mein Vater fing mit ihr eine Diskussion an ich weiß nicht mehr, was geredet wurde, aber plötzlich fielen Worte, die meine Aufmerksamkeit erregten. Er meinte: „Dein Bruder hat recht, du musst es ihr einmal sagen." Sie antwortete darauf: „Nein, das mach ich sicher nicht." „Und was willst du dann tun?" „Gar nichts." Plötzlich bemerkten sie mich auf der Stiege und brachen das Gespräch abrupt ab, als hätte ich sie bei etwas Verbotenem erwischt. Ein Blick genügte und ich wusste, dass ich mich zu verziehen hatte.

Als ich älter wurde, war ich oft alleine unterwegs, und dann fiel mir auf, dass oft, wohin ich auch kam, Leute von Interpool sich in der Nähe von mir befand. „Kann es etwa sein, dass jemand oder mehrere Leute nach mir suchen?", dachte ich mir. Ich erzählte es meiner Mutter- Findest du das nicht komisch?" Sie antwortete darauf: „Wer sollte schon nach dir suchen. Wer bist du schon überhaupt. Du bist ein Nichts, weniger als ein Nichts, die wissen nicht einmal, dass es dich gibt, du existierst nicht einmal für die Welt." Ich dachte mir damals, sie würde mir eine hoffnungsvolle Antwort geben, oder eine Antwort, die mir weiterhelfen würde, aber stattdessen gab sie mir diese herzlosen Bemerkungen.

Sicher, ich gebe zu, mein Verhalten damals, war alles andere als in Ordnung. Es stimmt, dass ich oft viele Leute provozierte.

Aber das war nur eine Art Hilfeschrei. Ein Hilfeschrei nach Liebe und Geborgenheit, was mir in dieser Familie fehlte. Auch war es ein Hilfeschrei nach Wertschätzung und Anerkennung, die mir fehlten.

Trotzdem ging ich tapfer in die Schule und lernte fleißig. 2000 machte ich schließlich meine Matura. Trost suchte ich mir bei meinem Pflegepferd, einem misshandelten englischen Vollblut, ein ehemaliges Rennpferd, dass ich gesund pflegte. Ich glaube, ohne die Pferden hätte ich diese schreckliche Zeit nicht überlebt. Pferde gaben mir Kraft, alle Grausamkeiten meiner Mutter zu überstehen, und auch die Musik. Musik war mein Lebenselixier. Ich hörte am liebsten Radio, da ich mir CD's nicht leisten konnte, und mit der Musik wachte ich auch auf, deshalb hat Musik immer einen besonderen Stellenwert in meinem Leben.

Später hatte ich in meiner Wohnung auch einen semmelblonden kleinen Cockerspaniel namens Candy als Therapiehund, der mich mein Kindheitstrauma vergessen ließ. Ich muss immer so lachen, wenn ich mich daran zurück erinnere: Als ich spazieren ging mit meinem Hund, sagte einmal ein Mann zu mir: „Da geht ein laufender Goldbarren."

Mein Cockerspaniel Candy war wunderschön proportioniert, hatte semmelblondes Haar und er war mein ganzer Stolz.

Als ich älter wurde, da war ich so um die 20, ging ich oft aus am Abend. Ich wollte nur eines: mir die Liebe zurückholen, die mir hier, wo ich aufgewachsen bin, so sehr fehlte. Doch es artete aus. Da ich oft auf das WC ging, schmissen sie mir Drogen in ein Getränk rein, und nutzten das aus. Ich kann mich nicht mehr erinnern, was dann passierte. Fest steht, dass es nie meine Absicht war, was passierte, und ich auch nicht in Berührung mit Drogen kommen wollte, da ich sie verabscheute.

Ich hätte mich sehr oft anders verhalten, hätte ich die Wahrheit gewusst, das ist eh klar. Doch niemand hat mir je etwas gesagt und viele wussten es hier. Auch wäre ich nie so naiv gewesen und hätte alles geglaubt, was sie mir so erzählten.

Was mich am meisten aufregt, ich war immer Opfer und immer wehrlos meinem Schicksal ausgeliefert. Es ist die Ohnmacht, die Ungerechtigkeit die mich so aufregt. Manchmal schoss ich aus lauter Wut Bücher gegen die Wände, einfach, um mich abzureagieren. Ich frage mich oft, was wäre, wenn … Doch es hat keinen Sinn.

Einmal, als ich heimgekommen war, drückte mir meine Mutter drei Glassteine in die Hand. Ja, jetzt kann ich mich endlich erinnern. Damals drückte ich meiner leiblichen Mutter einen Glasstein in die Hand, bevor sie mich verließ.

Jetzt habe ich die Steine vor mir liegen. Zwei grüne und einen braunen. Wenn ich sie berühre, kommen sofort automatisch die Tränen. Für mich ist es, als würde im Inneren etwas zerreißen. Es fühlt sich an, als hätte ich ein Stückchen meiner leiblichen Mutter in der Hand. Wenn ich die Steine so betrachte, habe ich den braunen am liebsten. Manchmal bringen mir diese Glassteine eine schlaflose Nacht. Ich werde sehr traurig und depressiv, wenn ich sie mir so ansehe.

So fürchterlich es auch klingen mag, es hat doch auch eine positive Seite, obwohl meine Tränen einfach nicht aufhören wollen.

Denn es ist die einzige Erinnerung, die ich von meiner leiblichen Mutter habe. Ich habe kein Foto von ihr, kein Andenken und kein Erinnerungsstück.

Vor einiger Zeit sprach ich mit einem Freund, der meine ganze Lebensgeschichte kennt, über meine leibliche Mutter, und er meinte, auch wenn ich nicht weiß, wo sie ist, und ob sie überhaupt noch lebt, sie wird immer bei mir sein, weil sie bereits in meinem Herzen ist. Sie war auch immer in meinem Herzen, nur ich konnte mich nicht mehr erinnern an sie. Jetzt, da meine Erinnerung zurück ist, kann ich endlich trauern um sie, wie sie mich damals hier zurückgewiesen und alleine zurückgelassen hat. Manchmal, wenn ich sehr traurig bin, fühle ich mich wie ein geliebtes Haustier, das plötzlich ohne erkennbaren Grund einfach ausgesetzt und seinem Schicksal überlassen wurde. Obwohl sie mir damals versprach, zurückzukommen und mich abzuholen, glaubte ich trotzdem tief im Herzen, und im Unterbewusstsein war es doch verankert, dass ich sie nie wieder in meinem Leben sehen werde.

Und auch wenn ich die ganze Erinnerung an sie, all die Zeit, so sehr verdrängt habe, dass ich mich einfach nicht mehr an sie erinnern konnte, so schien ich doch mein ganzes Leben darauf zu warten, dass sie zurückkommt und mich wieder zu sich nimmt. Als kleines Kind, denkt man einfach noch nicht daran, dass manche Abschiede für immer sind, und es kein Zurück gibt.

Ich habe mit vielen Psychologen darüber geredet, wie es möglich sei, sich über 20 Jahre nicht mehr an die Geschehnisse von damals erinnern zu können. Und sie gaben mir, unabhängig voneinander, immer dieselbe Antwort.

Für mich war die Entführung, damals wie ein schweres Trauma. Ich wurde gegen meinen Willen von meiner leiblichen Mutter einfach fortgerissen und in eine neue Familie gesteckt, noch dazu 2.000 km entfernt von dem Land, wo ich meine ersten vier Jahre meines Lebens verbracht habe. Da ich, als das kleine Kind von damals, diese Geschehnisse einfach nicht verarbeiten konnte, und ich kein einziges Erinnerungsstück an meine Mutter hatte, und mir von meiner Pflegemutter eine Art „Gehirnwäsche“ verabreicht wurde, hatte ich einfach alles verdrängt. Meine Erinnerung verblasste, die Gegenwart mit ihren kleinen Sorgen verdrängte meine traumatische Vergangenheit und somit die Erinnerung an meine leibliche Mutter, bis Zufälle sie wieder hervorriefen, und ich auf meine Vergangenheit aufmerksam wurde.

Ich glaubte einfach an die Realität, die vor mir lag, und glaubte an das, was andere Leute zu mir sagten. Und als ich jetzt mit der „neuen“ Realität konfrontiert wurde, und begriff, dass ich in einer Lebenslüge lebe, brach ich durch den emotionalen und posttraumatischen Schock zusammen.

Ich kann mich jetzt genau an den Tag erinnern, an dem ich einfach meine Suppe nicht essen wollte. Da war ich so ca. fünf Jahre alt. An diesem Tag weigerte ich mich, zu essen, denn ich wollte erst essen, wenn ich wüsste, wo meine Mutter sei. Ich fragte immer wieder nach meiner leiblichen Mama, doch ich bekam nie eine Antwort. Stattdessen sagte meine Adoptivmutter: „Wenn du noch einmal fragst, bekommst du nichts mehr zu essen. Ich bin jetzt deine Mutter." Und mit diesem Satz schmiss sie mir die Würstchen, die eigentlich für später vorgesehen waren, in die Suppe. Nun war es mit meinem guten Willen auch vorbei. Ich nahm meine Windel und meinen Teddybär und rannte so schnell ich konnte in mein Zimmer rauf und fing an zu heulen, wie ich es oft stundenlang machte. Diese Szene wiederholte sich oft, in verschiedenen Variationen, bis ich früher oder später einfach aufgab zu fragen, womit auch meine Erinnerung an meine leibliche Mutter verschwand. Erst jetzt wurde mir bewusst, dass das von ihr eine psychologische Taktik war, um die Erinnerung an meine richtige Mutter auszulöschen, und sie hatte auch Erfolg damit, denn die nächsten Jahre dämmerte ich in einer Art Dunkelzustand dahin, und als ich älter wurde, und jemand fragte mich nach meiner frühesten Kindheit aus, musste ich sagen, dass ich mich nicht erinnern kann. Doch der Schmerz verblieb über all die Jahre in meinem Unterbewusstsein.

Und ich erinnere mich auch an gutgekleidete, wohlhabende Personen, die ich sah, wenn ich in der Stadt unterwegs war, die kurz stehen blieben, mich anblickten und dann kopfschüttelnd, entrüstet und schockiert weitergingen, während ich in der Kälte auf meinen nächsten Bus wartete, weil ich den vorigen Bus versäumt hatte.

Und ein anderes Mal stand ich vor einem Buchladen und schaute mir Bücher an, worauf ein Mann stehen blieb und sagte: „Diese Schweine, was haben sie dir bloß angetan", und dann kopfschüttelnd weiterging.

Instinktiv wusste ich, dass ich auf irgendetwas wartete, aber ich konnte mich einfach nicht mehr erinnern, an was. Jahrelang versuchte ich verzweifelt mich wieder zu erinnern, was damals geschehen war, als ich klein war, doch so sehr ich mich anstrengte, ich konnte mich beim besten Willen nicht mehr erinnern. Ich dachte mir immer wieder: „Du musst dich erinnern, du musst, es ist wichtig!", und starrte immer wieder auf weiße Vorhänge, und ich dachte mir, „deine Erinnerung ist so wie dieser Vorhang vor dir, der am Fenster hängt."

Da war einfach nichts, absolut nichts, bis auf diesen blöden Vorhang. Der Wille, ihn beiseite zu schieben und durch dieses Fenster durchzuschauen, war da, aber ich hatte einfach nicht die Kraft dazu, dies zu tun und nach draußen zu blicken.

Momentan gehen mir so viele Gedanken durch den Kopf. Als ich an einem anderen Tag ein Date mit jemandem hatte und wir in einem Café saßen, sagte eine Frau, mit einem verächtlichen Blick auf mich gerichtet: „Du kannst nichts tun, sie ist selber schuld."

Ja, die Schuldfrage. Wer ist schuld an meiner Situation? Ich, meine Eltern? Ich bin der Meinung, alle Beteiligten sind schuld, mich nicht ausgenommen. Aber nur dem Schwächsten schiebt man die Schuld zu, und der bin nun mal ich.

Warum glaube ich, dass alle schuld sind? Ja, das ist ganz einfach, weil niemand etwas unternimmt gegen diese Ungerechtigkeit, weil mir niemand hilft, weil vielleicht alle schweigen zu einem Thema, über das geredet werden sollte.

Und vor allem, weil viele einfach lügen und die Wahrheit vertuschen wollen. In der Bibel heißt es: „Du sollst nicht lügen." Aber wenn sich alle an dieses Gebot wirklich halten würden, gäbe es meine Situation gar nicht. Die Wahrheit wird einfach verschwiegen. Ich finde auch nicht, dass die anderen nicht stärker sind, als ich es bin, denn sie sind schwächer, gerade, weil sie lügen. Ich bin stärker, weil ich nicht lüge und zu meiner Identität stehe.

Das, was die Frau an diesem Tage äußerte: „Sie ist selber schuld“, ist echt schon eine Diskriminierung. Für mich fühlt es sich zumindest so an, kann ich denn etwas für meine Vergangenheit? Kann ich etwas für meine Herkunft? Ich habe es mir nicht ausgesucht, ich wurde nicht gefragt, ob ich geboren werden wollte oder nicht. Ich war meinem Schicksal hilflos ausgeliefert, als meine leibliche Mutter gezwungen war, durch einen Gewaltakt, mich herzugeben.

Aber für mich damals, als ich noch ein Kind war, war das Wichtigste, bei meiner Mutter zu sein, und sie nahmen mir das Wichtigste in meinem frühen Leben, den Menschen, den ich am meisten liebte. Und da ich erst 4 Jahre alt war, konnte ich mich nicht wehren, ich war meinem Schicksal hilflos ausgeliefert und musste zusehen, wie sie mich bei Nacht und Nebel brutal aus den Armen meiner Mutter rissen. Ich glaube, ich war damals so geschockt, dass ich zwar schreien wollte, aber nie einen Ton herausbrachte. Ich konnte ihr damals nur in Augen sehen, und die waren voller Tränen. Zurück bleibt immer nur das Gefühl, zurückgestoßen zu sein, von einem Menschen, den man über alles liebt, nicht gewollt zu sein, nicht geliebt zu werden.

Manchmal denke ich mir, hätte ich wenigstens ein Erinnerungsstück von ihr oder sonst irgendetwas. Ich hatte auch eine wunderschöne Tigerkatze, die haben sie mir auch weggenommen, am Tag der Entführung. Meine Mutter sagte dann, ein Auto hätte sie überfahren, doch ich glaube, sie hat sie einfach weggegeben.

Obwohl meine leiblichen Eltern sehr reich waren, ließen sie mich zurück ohne finanzielle Absicherung, nur mit den Kleidern an meinem Leib. Ich glaube, es war eine Art Entführung. Ich sah nie einen Cent von ihnen und auch nicht von Künstlern, die Millionen von Dollars mit meiner persönlichen Tragödie machten. Das Einzige, was ich besitze, ist das, was ich durch meinen eigenen Schweiß erarbeitet habe. Im Gegenteil, mit ihren Liedern verstärken sie nur meinen seelischen

Schmerz, denn jedes Mal, wenn ein Lied erklingt, werde ich an meine Vergangenheit erinnert. Und als die Welt die Wahrheit erfuhr, waren sie alle empört.

Ich lasse die Steine in meinen Händen hin und her rollen. Nachdenklich blicke durch diese durchsichtigen Steine hindurch. Wenn nur alles so durchsichtig wäre.

Für mich ist es schwieriger geworden, mein Leben zu leben, seit ich meine Vergangenheit und meine Herkunft kenne. Es ist, als wäre ich gefangen in einer Rolle als Schauspieler, und es wäre mir unmöglich, aus diesem Film auszusteigen. Ich fühle mich wie in einer Endlosschleife. Ein Film, der nicht aufhört. Aber ich muss mein Rolle weiterspielen, sonst würde ich daran zerbrechen. Ich lebe weiter mein Leben und versuche, so gut es geht, meinen Tagesablauf einzuhalten. Ich benehme mich wie üblich und oft tue ich so, als wüsste ich nichts davon. Ich habe kein Privatleben mehr.

Manchmal, wenn ich gut drauf bin, ziehe mich besonders schön an, und schminke mich dementsprechend, wenn ich durch die Stadt gehe. Ich versuche dann, so auszusehen wie meine leibliche Mutter, damit ich auf der Straße erkannt werde.

Dann bekomme ich aber auch meistens die Reaktionen der Leute, die mich dann anstarren und stehen bleiben, als sähen sie das 9. Weltwunder. Es gibt mir dann manchmal Kraft und dann bin ich stolz, endlich zu wissen, wer ich bin. Ein Bekannter von meinen Eltern, hat es sehr treffend ausgedrückt. „Sie sieht ihrer Mutter sehr ähnlich." Das traf mich damals wie ein Blitz.

Und warum ist diese ganze Situation entstanden? Nur wegen Lügen, Macht, Ehre und der sogenannten Moral der gehobenen Gesellschaft. Anstatt zu ihren Fehlern zu stehen, lügen sie weiter, wie sie es immer schon getan haben.

Ich denke an die Headline des neuen Spiegels. Auf der Headline stand: „Mein Gott, was haben wir getan?", in Bezug auf ein geschichtliches Ereignis. Ich denke mir dann, das kann man auch auf mich beziehen.

„Mein Gott, was habt ihr getan?“, kann ich jetzt auch sagen und ich fühle mich auch so. Und es kommt mir immer der Gedanke hoch: „Warum? Warum gerade ich?“ Ich denke dann, dass ich immer kämpfen musste, während andere wirklich alles haben und tun dürfen und können, nur weil sie auf die Sonnenseite des Lebens gefallen sind. Und ich bin auf der Schattenseite gelandet.

Manchmal denke ich auch an andere Tragödien, die in den Medien zu sehen sind, an Menschen die zwar Ähnliches durchmachten wie ich, aber dennoch durch das gewaltige Medieninteresse gebührend entschädigt und mit Hilfsprojekten unterstützt wurden. Und dann denke ich an diese Ungerechtigkeit, die ich durchgemacht habe, aber ich musste schweigen und konnte mich nicht wehren, seitdem meine Erinnerung wiedergekehrt ist, weil ich dachte, sonst brächte ich mich in Gefahr. Aber ich habe es satt, zu schweigen, und möchte der Welt die Wahrheit über das was passiert ist, erzählen, und das gibt Kraft, die erlebten Ereignisse zu verarbeiten.

Schließlich kann ich ja nichts dafür, geboren worden zu sein. Ich konnte mir mein Schicksal nicht aussuchen und ich konnte mir meine Eltern auch nicht aussuchen, weder meine leiblichen Eltern, noch meine jetzigen Eltern, die mich aufzogen.

Ich denke an die verschiedenen Situationen, wenn ich in der Stadt spazieren gehe. Manchmal sehe ich reiche Leute, die man sonst nur im Fernsehen sieht. Die begutachten mich dann wie ein Ausstellungsstück oder wie ein Zootier. Ich fühle mich dann auch so, dann denke ich auch manchmal: „Würden sie mich doch nur mitnehmen, wenn sie wieder abreisen und ins Flugzeug steigen. Könnte ich doch mit ihnen mitfliegen und meine Situation ändern, oder vor der Kamera stehen und endlich hineinrufen, dass ich tatsächlich existiere und das alles nicht nur eine Legende ist. Ich will, dass die Leute wissen, dass ich existiere. Ich will, dass die Leute, die so lange verzweifelt nach mir suchten, wissen, dass ich lebe.

Und gleichzeitig weiß ich auch, dass vieles, was ich mir wünsche, nicht möglich ist.

Wenn ich mich jetzt so zurückerinnere, kann ich mich noch genau an die Gegend erinnern, wo ich meine ersten vier Jahre meines Lebens verbracht habe. Es ist eine ziemlich ruhige Gegend am Stadtrand von London, Hertfortshire. Hier besitzen die Reichen ihre Anwesen. Auch kann ich mich noch an das schwarze schmiedeeiserne Tor erinnern und an die lange schöne, edle Allee, die zu dem Anwesen führt. Und vor allem kann ich mich an meine Mutter erinnern. Sie hatte blondes Haar.

Und an das schwarze Auto, mit dem sie mich am Tag zuvor wegbrachten. Ich kann mich sogar noch an meine Nanny erinnern, an mein Lieblingsspielzeug – es war ein kleiner roter Autobus mit einem ABC drauf und an meinem Vater, der mich im Schoß an einem schwarzen Klavier wiegte. Ich spürte damals Sicherheit, Geborgenheit und Wärme. Ich war ihr kleiner Sonnenschein und bis zu diesem Zeitpunkt, war ich, glaub' ich, ein sehr fröhliches und glückliches Kind. Doch mein ganzes Leben, sollte sich an einem einzigen Tag ändern.

Meine Eltern verließen das Anwesen.

Ich kann mich noch genau an den Tag erinnern, als wir dieses Anwesen verließen. Meine Mutter sagte mir, wir fahren auf Urlaub, es war Herbst, die Blätter lagen am Boden. Ich freute mich immer, wenn ich das Wort Urlaub hörte, denn das bedeutete für mich so viel wie Spielen, Freude und Unbeschwertheit. Ich konnte ja damals nicht ahnen, dass ich meine Mutter, sowie das Anwesen, nie wieder sehen würde, dazu war ich noch zu klein.

Ab diesem Zeitpunkt waren wir immer auf einer Art Flucht, immer mit der Angst, irgendwo in der Öffentlichkeit gesehen und erkannt zu werden. Ich sollte erst 20 Jahre später erfahren, warum.

Wir kamen nach Portsmouth, das ist im Süden Englands. Da gibt es ein Haus in der Goodwood Road. Soweit ich mich erinnern kann, verbrachten wir dort einige Wochen. Ich kann mich noch sehr gut an die weiße Treppe erinnern. Außerdem kann ich mich noch an den Tag erinnern, an dem meine Mutter ohne Grund heftig zu weinen anfing. Ich saß auf der Treppe und sie stand unten am Treppenabsatz und schrie: „Shut up, shut up!“ Sie war aus mir noch unbekanntem Grund sehr verzweifelt, und hatte ab diesem Zeitpunkt immer Tränen in den Augen. Um mich zu entschädigen, nahm sie mich immer mit in den Candyshop und kaufte mir Jellybeans, das sind englische Süßigkeiten. Ich kann mich jetzt auch erinnern, wie sehr sie mich liebte, und kann auch ihre starke Liebe zu mir spüren, die sie mir entgegenbrachte.

Wenn ich so daran zurückdenke, kommen mir heute noch die Tränen. Ich fragte damals immer nach, warum, warum, aber ich bekam nie eine Antwort. Außerdem war ich mir dessen bewusst, dass sie mich mehr liebte, als ihr Leben, und fühlte dasselbe für sie. Zu diesem Zeitpunkt konnte ich ja nicht ahnen, dass ich alles, was ich am meisten liebte, verlieren würde.

Und auch jetzt, während ich schreibe, kommen mir die Tränen, denn ich möchte sie umarmen und küssen und wünschte, sie könnte sehen, was aus ihrem kleinen Kind geworden ist.

Ich hatte damals alles, was sich ein Kind wünschen kann … Eltern, die mich liebten, maßgeschneiderte Kleidung und ich war so glücklich.

Bis zu dem einen Tag in Portsmouth, England, 1986, in der Goodwood Road. Ein Mann klopfte an die Tür und hielt eine Pistole an den Kopf meiner Mutter. Wir mussten mitkommen.

Danach folgte eine lange Autofahrt nach Oberösterreich nach Peuerbach! Dort löschten sie mir in einem Haus mithilfe Hypnose das Gedächtnis. Dann kamen wir in Eferding an, zudem 7. Haus in einer 7 – Häuser – Siedlung.

Ich kann mich noch genau erinnern, an den Tag, wo wir nach Österreich gekommen sind. Wir reisten in der Nacht an und es war eine Nacht – und Nebel-Aktion. In der Kleinstadt, in die wir kamen, gab es nicht viel zu sehen. Wir überquerten einen Hügel und danach ging es steil bergab. Meine neue Familie hier sollte mich während der nächsten 20 Jahre aufziehen und sich um mich kümmern.

Ich glaube, die letzten Worte, an die ich mich wirklich erinnern kann, waren so ähnlich wie: „My little sunshine, die Dinge werden sich von nun an ändern und du musst stark sein. Aber du bist ein starkes Mädchen, und solange du freundlich bist, werden die Leute auch freundlich zu dir sein. Versprichst du mir, stark und brav zu sein, bis ich dich wieder abhole?" Und ich bejahte.

Der Fahrer am Steuer sagte zu meiner Mutter: „She won't make it beyond teenage years." Und ich fragte wiederum nichtsahnend: „What should i make?"

Ich fragte wiederum, wann sie mich wieder abholen würde, und sie sagte: „bald", doch ich wollte nicht weg von ihr und klammerte mich mit aller Kraft bei ihr fest. Ich dachte, wenn ich mich nur fest genug an sie klammerte, würde sie verstehen und ich könnte vielleicht bei ihr bleiben. Doch ich wurde ihr aus den Armen entrissen und bekam falsche Papiere und sie gaben mir den Namen Sabrina. Sie stieg ins Auto ein und verließ mich. Ich wollte schreien, Tränen liefen mir über die Wangen, aber ich brachte keinen Ton heraus. Ich musste still und hilflos mitansehen, wie ich von meiner Mutter gegen meinen Willen getrennt wurde.

Ich sollte sie nie wieder in meinem Leben zu Gesicht bekommen.

Meine neue Pflegemutter hatte es in sich. Sie behandelte mich wie den letzten Dreck. Wenn ich nach meiner leiblichen Mutter fragte, bekam ich nichts zu essen, daher suchte ich teilweise Essensreste aus dem Müll.

Außerdem kann ich mich genau daran erinnern, was darauf folgte. Immer wenn ich traurig war, lief ich die Stufen hinauf zu meinem Zimmer, schloss mich dort ein und schrie nach meiner Mummy. Ich weinte damals sehr, sehr viel, fast jeden Tag.

Später, als ich meine Erinnerung verlor, spürte ich trotzdem noch den starken Schmerz über den Verlust meiner leiblichen Mutter und ich kann ihn auch jetzt noch fühlen, obwohl es schon so lange her ist.

Jahre später, wusste ich einfach nicht mehr, warum, ich hatte einfach alles vergessen.

Alles in allem bekam ich keine Liebe von meinen Eltern, sie waren eher oberflächlich und materialistisch. Ich konnte kein einziges brauchbares Gespräch mit ihnen führen. Sie redeten, wenn überhaupt, mit mir nur über belanglose Themen. Jedes Mal, wenn ich versuchte, mit ihnen zu reden, über etwas, was mich belastete oder bewegte, wehrten sie ab oder hörten erst gar nicht zu. Fernsehen oder über Belanglosigkeiten zu reden, war wichtiger. Diese kleine Welt, in der ich lebte, war so oberflächlich und materialistisch, um nur ihres gleichen zu finden. Jeder kümmerte sich nur um seine eigenen Angelegenheiten, es gab überhaupt keinen Familienzusammenhalt oder keine Familienkonferenzen. Ich fühlte mich immer missverstanden, als ob ich falsch am Platz wäre. So sehr ich auch wünschte, verstanden zu werden, es klappte nicht.

Und sie lachten mich oft aus, wenn ich in der Hauptschule gequält und von den anderen Mitschülern terrorisiert wurde.

In der Schule war ich ein leichtes Opfer, da ich mich nicht schlagfertig zu wehren wusste und ich nicht selbstsicher war. Schon in der Schule war ich verstört und dann war ich noch dem psychischen und physischen Terror hilflos ausgesetzt. Ich weinte fast jeden zweiten Tag und wurde sehr depressiv.

Ich schrie nicht vor Schmerz, ich schrie auch nicht, wenn ich geschlagen wurde, ich schrie nur nach Liebe.

Als ich 16 Jahre alt war, und ins Gymnasium in die Oberstufe ging, wandte sich der Zeichenlehrer mitten im Unterricht mir zu, und verkündete laut, während er mich anblickte:

„Ich habe noch nie in meinem Leben eine so junge, hübsche Frau gesehen, die so zerrüttet ist. Doch sie hat ein gutes Herz, viel zu gut für diese Welt.“ Und dann nach einer Pause: „Ich fürchte, du musst brutaler werden.“ Der Zeichenlehrer schaffte es doch immer wieder, mich aufzuheitern und mir ein Lächeln ins Gesicht zu zaubern.

Einmal hatte ich wieder Zeichnen und ich freute mich immer auf die Zeichenstunde. Der Zeichenlehrer hielt mir ein Kochbuch unter die Nase und fragte mich, was ich denn gerne esse. Die Zeichenklasse wollte etwas kochen. Auf einmal fing er mit seiner krächzenden Stimme an zu singen. Er sang die ganze Zeit: „Sabrina, Sabrina, Sabrina“, sodass ich anfing zu lachen, weil es so komisch anzuhören war. Darauf meinte er, ich solle nicht so kleinlich sein.

„Das Konzert heute Abend, reicht mir schon“, antwortete ich darauf.

Wir hatten an diesem Abend eine Aufführung und sangen „Sister Act“ und ein russisches Volkslied „Kasachock“.

Er wusste, dass es mir zeitweise schlecht ging und warum ich so verstört war.

Ich hatte einfach Angst, wieder gemobbt und schikaniert zu werden, wie damals in der Hauptschule. Ich bekam immer Panik, Bauchkrämpfe und mein Herz fing an zu rasen, wenn ich unter Leute ging.

Durch die Hauptschule habe ich nicht nur mein Vertrauen in mich selbst verloren, sondern auch meine Lebensfreude.

Manche Leute waren auch speziell nett zu mir und manche speziell grausam, als würde sie jemand mit Geld bezahlen, zu mir so grausam zu sein. Manche fingen an zu weinen, wenn sie mich sahen, und das waren immer fremde Leute, die ich noch nie in meinem Leben vorher gesehen hatte. Mein Leben war und ist auch heute noch wie ein Schachbrettmuster, schwarz und weiß.

Irgendwie bin ich verdammt und verflucht seit meiner Geburt. Ja, es ist wahr, ich werde meine Eltern nie wiedersehen.

Warum sie mich so lange nicht fanden, obwohl mich Leute jahrelang suchten? Ich glaube, alle dachten, ich sei tot, doch ich bin am Leben und ab diesem Zeitpunkt bin ich in Gefahr.

Und trotzdem bereue ich nichts, ich will, dass die Welt meine traurige Geschichte erfährt.

Aus welchem Grund? Weil ich die Wahrheit weiß.

Die Autorin

Sabrina Luger, 1982 in Ried im Innkreis geboren, wuchs in Eferding auf und machte nach Abschluss des Gymnasiums eine Ausbildung zur Grafikdesignerin. Als ihre Vergangenheit sie einholte, begann die junge Autorin mit dem Schreiben. „The white Curtain" ist ihr erstes Buch.

Der Verlag

Wer aufhört besser zu werden, hat aufgehört gut zu sein!

Basierend auf diesem Motto ist es dem novum Verlag ein Anliegen neue Manuskripte aufzuspüren, zu veröffentlichen und deren Autoren langfristig zu fördern. Mittlerweile gilt der 1997 gegründete und mehrfach prämierte Verlag als Spezialist für Neuautoren in Deutschland, Österreich und der Schweiz.

Für jedes neue Manuskript wird innerhalb weniger Wochen eine kostenfreie, unverbindliche Lektorats-Prüfung erstellt.

Weitere Informationen zum Verlag und seinen Büchern finden Sie im Internet unter:

www.novumverlag.com

Zeitfracht Medien GmbH
Ferdinand-Jühlke-Straße 7
99095 Erfurt, Deutschland
produktsicherheit@kolibri360.de